红楼

教育学

匡双林 著

山西出版传媒集团 山西教育出版社

水西·书系

SHUIXI SHUXI

《红楼教育学》序

傅国涌

认识匡双林有七八年了，那时他还是一名高中的语文老师，教课之余保持着读书的热情，是个难得的读书种子。后来我才知道他是学美术出身的，喜欢古典文学，热爱写作。

他在《教师博览》上开的专栏，从《红楼梦》出发谈教育，我很早就留意到了，曾建议他将这个系列坚持写下去，将来可以结集成书。每次见面，我几乎都会问起这件事。前些日子，他告诉我疫情期间困在家中，已将这个系列整理出来，名为《红楼教育学》，交给了山西教育出版社，希望我能写几句话。

《红楼梦》是匡双林从小就熟悉的，里面浸透了他少年时的欢喜和快乐，沉淀着流走的那些时光。这本书可以看作是他与这部经典的对话，却又不限于《红楼梦》本身。几年前，有人送我一本书，说的是《红楼梦》中的经济学，其实是从经济的角度读《红楼梦》。双林的这本书则是从教育的角度读《红楼梦》，他将自己烂熟于心的《红楼梦》与所从事的教育融合在一起。34篇文章谈师生、谈课堂、谈家教、谈理念，从《红楼梦》的人物、情节中挖掘出一个个教育现象，却又不拘泥于故事本身，而是由此生发开来，借助经典提供的人物、情境，理解正在发生中的教育现实，讨论教育的得失利弊，涉及语文教育、美术教育、应试教育、家庭教育等不同方面。

每篇文章都不长，可读性很强，更重要的是具有很强的现实意义。在国人普遍为教育问题焦虑不安的当下，身为一线教师，匡双林感同身受，对于教育自然有许多自己的看法。恰好他又是多年沉浸在《红楼梦》中的读书人，所以他采取了如此独特的方式，将困扰着千千万万家庭的教育问题放在《红楼梦》的情境中展开讨论，究其用心无非是想寻求可能的解决之道。哪怕他最终提供不了什么答案，却也足以启发读者，至少可以引发读者对当下教育的进一步思考。

自“红学”成为显学，读《红楼梦》的人可谓多矣。以《红楼梦》来谈教育，匡双林也并非第一个。30多年前，我中学时代的语文老师滕万林先生就写过一篇文章《曹雪芹的写作教学法

——以香菱学诗为例》，从教、学、教学环境三个方面着眼谈教学。其中，教的方面具体分析了教学的态度、教学的内容、教学的方法，强调了林黛玉教学方法最大的特点是读写结合，激发学生香菱的学习主动性和积极性。但无论读还是写，林黛玉都只是点拨诱导，不做烦琐的讲解，而是让学生自己去钻研，也不做精批细改，而是让学生自己去改。

同样是“香菱学诗”这个故事，匡双林的视角、语言都与滕先生很不一样，滕先生是1931年出生的，双林是1985年出生的。

双林将林黛玉教香菱写诗作为“一堂诗歌公开课”来看。他将黛玉的这番话看作是诗歌教学的“总纲”：“什么难事，也值得去学！不过是起承转合，当中承转是两副对子，平声对仄声，虚的对实的，实的对虚的，若是果有了奇句，连平仄虚实不对都使得的。”

第二步，黛玉在香菱初步领悟的基础上，进一步指出：“词句究竟还是末事，第一立意要紧。若意趣真了，连词句不用修饰，自是好的，这叫作‘不以词害意’。”

第三步是纠偏，匡双林认为这是黛玉作为老师的本领。

第四步是开书单，从王维、杜甫到李白，都有具体的要求。

这堂诗歌公开课为时很短，但课外的指点没有就此结束，直到香菱写出了“不但好，而且新巧有意趣”的诗作。

这大致上可以代表匡双林这本《红楼教育学》的叙事风格，

好处是轻松可读，容易为一般读者接受，但一些类比未必都恰当，比如称林黛玉为“林老师”，对她能不能成为“特级教师”的议论之类。我不知道是不是因为这些文章先在《教师博览》上发表，读者对象几乎都是教师，因此大量采用教师圈熟悉的一些说辞。

18世纪法国启蒙思想家卢梭在《爱弥儿》第一卷中这样说：

“我们生来是软弱的，所以我们需要力量；我们生来是一无所有的，所以需要帮助；我们生来是愚昧的，所以需要判断的能力。我们在出生的时候所没有的东西，我们在长大的时候所需要的东西，全都要由教育赐予我们。

“这种教育，我们或是受之于自然，或是受之于人，或是受之于事物。我们的才能和器官的内在的发展，是自然的教育；别人教我们如何利用这种发展，是人的教育；我们对影响我们的事物获得良好的经验，是事物的教育。”

归根到底，教育就是要给人力量，使人摆脱愚昧。匡双林熟读《红楼梦》，借题发挥，正是因为他从少年时代起就从包括《红楼梦》在内的经典中汲取了力量，他想将这种力量传递给更多的人。我相信教育无处不在，当你发现原来可以这样读《红楼梦》，原来可以这样谈教育，你其实已经获益，这也是一种教育。

2020年10月29日写于杭州国语书塾

目　录

《红楼教育学》序 …………………………………… （1）

第一辑：师生

林黛玉的家庭教师 ……………………………… （3）

学神林黛玉 …………………………………… （9）

不务“专”业的语文学霸 ……………………… （15）

德智体美全面发展的好学生 …………………… （21）

最好的语文课代表 …………………………… （26）

如果我到大观园里去做班主任 ………………… （32）

贾老师其实是个好老师 ……………………… （39）

第二辑：课堂

林老师的诗歌公开课 …………………………… (47)
一堂失败的哲学课 …………………………… (55)
专家的美术课 …………………………… (60)
好课是用一生时间备出来的 …………………………… (65)
教授级教师的公开课 …………………………… (70)
一堂成功的心理课 …………………………… (75)
大观园里的性教育 …………………………… (80)
爱情需要教育吗? …………………………… (85)
大观园里少了一节体育课 …………………………… (90)
宝玉是怎样进行应试教育的 …………………………… (96)

第三辑：家教

薛姨妈的教子观 …………………………… (105)
贾政是个好父亲 …………………………… (111)
不能承受的家族之重 …………………………… (119)
国子监祭酒李守中的家教观 …………………………… (123)
宁国府的家风 …………………………… (127)
读书少还不管教，你想上天吗? …………………………… (132)
摊上赵姨娘这样的妈 …………………………… (136)

他到底是一个怎样的父亲 …………………… (141)
夫妻关系才是家教的核心 …………………… (146)
孩子为什么要自己养 ………………………… (152)
龙生九子，连母十样 ………………………… (157)

第四辑：理念

女人怎么会为难女人 ………………………… (165)
读书人见面该聊点什么 ……………………… (170)
北静王的教育理念 …………………………… (174)
老师，别让你的过高期望毁了孩子 ………… (179)
偷读最是人生乐事 …………………………… (183)
不完美的生活可能才是最好的老师 ………… (187)

后记：

一生相伴有红楼 ……………………………… (193)

第一辑

师生

大观园中呈现的是少男少女生命中最耀眼、最明媚的一段时光。他们才华横溢，谈吐高雅。他们的成长过程，自然少不了教育。或感性或理性地看待他们的受教过程，或许对今天的教育意义非凡。

林黛玉的家庭教师

林黛玉是《红楼梦》中的主要人物，也是有名的才女。她的教育经历非常值得探究。

黛玉上学的年龄是5岁，相当于我们现在幼儿园中班的年纪。父亲林如海是前科探花，是于千万人中闯过独木桥的成功人士。如果说他是学神或许会有争议，但说他是考神则一点问题都没有。他官拜兰台寺大夫，这个职位相当于都察院御史，同时，他又被皇帝钦点为巡盐御史。母亲贾敏是公侯之女。黛玉就出生在这样一个典型的书香门第、官宦世家。她在家上学，请的是家庭教师。这样的家庭教师非等闲之辈可以胜任！

高中进士的贾雨村托人得到了这一教席。

贾老师当然没有教师资格证、计算机等级证书、普通话等级证书以及心理咨询师二级证书，但是在那个时候，读书人少，只要有点学问，似乎谁都可以做教师，也没有哪个部门会来管你。话虽如此，同样是教师，身价可能完全不同。

差不多与曹雪芹同时代的郑板桥有一首《教馆诗》：

教馆本来是下流，傍人门户度春秋。
半饥半饱清闲客，无锁无枷自在囚。
课少父兄嫌懒惰，功多子弟结冤仇。
而今幸得青云步，遮却当年一半羞。

字里行间诉尽私塾先生的辛酸与不易。其实郑先生诗中最后一句很重要："遮却当年一半羞。"那是"当年"的事，是在没有得"青云步"之前的事；中了举人，尤其是高中进士之后，就再也不会"羞"了。简单点说，没功名，干教师这一行会比较难。就如同现在，没个教师资格证，要想登上三尺讲台，也不是一件易事。但是，有了功名就大不一样：秀才相当于市级骨干，举人则是省级骨干，进士是国家级名师，而翰林呢，那就非公卿贵族甚至是皇子做学生不可，不然就没面子了。

贾雨村老师是正宗的进士出身，国家级名师。

小黛玉开学，按照她后来的老乡、近代文化名人包笑天先生的说法，得有一个惯例。黛玉拜师，需要外祖父家出面。比如外祖父家来一个佣人，挑一个担子，担子一头是小书箱，一部"四书"，一匣方块字；另一头，一盘定胜糕，一盘粽子。糕粽，寓意"高中"。粽子中，有一只裹成四方形，名为印粽；还有两只裹成笔管形，名为笔粽，寓意"必中"。（包笑天《钏影楼回忆录》）但是，由于小黛玉的外祖父家离得远，再加上小黛玉是女孩子，又是官宦之后，出身书香之家，不需要上私塾，或者不屑上私塾，况且她也不打算高中状元，所以这一套烦琐的礼仪也就没有了，只需要两个丫鬟伴读即可。

贾老师没有教师资格证，那么他的能力又如何？虽说他是国家级名师，可要一对一辅导，他能教好吗？另外，他的教学实效又怎样？

当然，他有能力。

首先，他的出身不一样。在学问的积累上，家学渊源实在是重要得很。贾老师“原系湖州人氏，也是诗书仕宦之后”，文章好、书法好。当日寄居在葫芦庙内的时候，他就曾“每日卖字作文为生”。能以卖字作文为生，这一点真让人佩服得五体投地。比如我，就一直梦想着“卖字作文为生”，就是始终实现不了。想必他的润笔稿费也不算太低，这都是自身素质过硬的表现。一想到现在诸多语文老师几乎从不动笔，在讲台上却大讲作文该如何写，就让人觉得滑稽可笑。

贾老师不仅文章好，写诗也有一手，出口即诗。譬如中秋夜，想到在甄家见过的娇杏，对月感怀，便口占五言一律。并且出口就是一副对联：“玉在椟中求善价，钗于奁内待时飞。”求善价、待时飞，抱负不浅啊！到甄家喝酒，也是“口占一绝”：“时逢三五便团圆，满把晴光护玉栏。天上一轮才捧出，人间万姓仰头看。”很有宋太祖“未离海底千山黑，才到天中万国明”的气势。

更重要的，贾老师是一个有识见的人。当冷子兴断言宝玉“将来色鬼无疑”的时候，贾老师发表了一段对大仁大恶的议论，并罗列了一大堆名人。“居然把‘下贱’的薛涛、朝云之流，和许由、陶潜那样的高士，唐明皇、宋徽宗那样的帝王，说

成‘易地则同’的人物，更不能不说是石破天惊之论。”“这是把对贾宝玉的评价，提到了历史哲学的高度。”（舒芜《红楼说梦》）

除此之外，贾老师的人品也不错。当年赶赴神京应试，甄士隐给了他50两银子，本来雇个毛驴都不敢，现在，都可以坐高铁的商务座了。高中之后，贾老师并没有忘恩，送了甄士隐“两封银子”——那可是1000两啊，翻了20倍。可惜甄士隐出家了，据说是因为有一些“贪酷”，外加“恃才侮上”，被人参了一本。官场是非，又岂是我等说得清楚的？

不过，话说回来，能力好并不等于可以教得好。沈从文能写，但他讲课水平真的一般。章太炎学问一流，但他的话学生大多听不懂。贾老师想要把课上好，至少得懂点教育心理学吧？

贾老师是否懂心理学，我们不知道。不过，教育学，他应该懂一点的。《论语》自然是背过的，《礼记·学记》自然是读过的，至于大教育家朱子的文章，自然也是滚瓜烂熟的。关键还有一点，他有过做家教的经验。

当日在金陵甄家，有个叛逆的角色叫甄宝玉，就是贾老师的学生。那是一位后进生，属于比较难教的一类人物，最起码没有教到当时社会认可的标准。对贾老师来说，这可能算是一个失败的例子，但是失败也是一种经验。

小黛玉上学一年，由于身体原因经常请假。这一年之中小黛玉读过些什么呢？书中第三回，贾母问黛玉念了何书，黛玉说：“只刚念了‘四书’。”这算不算多？这个“念”字怎么理解？

黛玉自然没有寒假、暑假，她上了一整年的学。不过，上文我们说过黛玉老请假，所以，她实际上学时间肯定没有一年。她

“只刚念了‘四书’”，算多吗？这‘四书’，原文加起来才5万多字；算上朱熹老师的注释——允许我翻一下书，中华书局出版的《四书章句集注》，共计27万字，除去附录，大概25万字吧。倘若只是简单看完，不多。但“念”是“诵读”的意思，甚至是“背诵”的意思，这个是当时的通例，真的很不简单啊！

5岁开始上学的小黛玉，到了6岁，能背“四书”，总共花了一年时间。倘若加上朱熹老师的注释，那就是20多万字。但她经常请假，我们不妨打个折：假如是8折，原文也有4万字，加上朱熹老师的注释，总字数还是有20万左右的。

另外，虽然请了国家级名师来授课，黛玉父亲又是探花，极有可能偶尔参与授课内容的讨论，确切地说是一定。进士去做家教，从来就不仅仅是家教这么简单，某种程度上，他还扮演着兰台寺御史和巡盐御史的参谋，至少是清客。尤其值得注意的是，贾老师一定给小黛玉开过小灶，也就是选修课，或者是根据林爸爸和小黛玉的需求，提供订单式教育。比如诗歌，从“花谢花飞花满天，红消香断有谁怜”可以得知；在第三十七回《蘅芜苑夜拟菊花题》中，黛玉见众人都交卷了，冷冷地说一句：“你们都有了？”说着，“提笔一挥而就”；还可以从“偷来梨蕊三分白，借得梅花一缕魂”“寒塘渡鹤影，冷月葬诗魂”的妙句中得知，贾老师完全有可能实行了订单式教育，或是开了小灶与选修课。

黛玉的诗情，除了家学渊源深厚、自身基因强大外，贾老师也应该有一份功劳。唯一可惜的是这位学生到了外祖母家之后，几乎从来没有提过这位自己当年的老师，至于原因，恐怕就难以猜测了。

请进士来做家教，称得上是贵族教育、博雅教育。

说到贵族教育，不能不提小黛玉的一位前辈。在和黛玉同样的年龄里，这位前辈享受的教育比黛玉更贵族化。他父亲为了培养他的人文主义，建构他的精神家园，找到了通往这个精神家园的钥匙——拉丁语，并请来丝毫不懂法语的德国学者教授拉丁语，还雇用了两名学问一点也不差的帮手帮助他，并且，全家人——父亲、母亲、仆人、雇工，全部学习拉丁语。早上，“为了避免强行把孩子从睡梦中唤醒造成对孩子娇嫩大脑的伤害”，艺术家在床边用吹笛子、拉小提琴的方式，把他从梦中唤醒。这位少年叫米歇尔·德·蒙田，就是那个写《随笔集》的蒙田。

只是小黛玉的订单式教育，还停留在附庸风雅之上，她后来的诗歌才华根本就不是教育的初始目的，或者说那些诗歌只不过是教育的偶然结果。跟蒙田的“培养人文主义和建构精神家园”相比，还是很有差距的。我想，这种教育导致的差距不仅存在于个人之间，也存在于国与国之间。

学神林黛玉

林黛玉成为学神，占尽了天时、地利与人和。

先说天时。

黛玉5岁时就有国家级名师贾雨村对其进行一对一辅导，并实行订单式教育。尤其重要的是林黛玉家学渊源深厚。父亲林如海是前科探花，算得上是响当当的读书种子——“虽系钟鼎之家，却也是书香门第”，林家藏书想必自是不少。现在流行一种说法，教育就是拼爹拼妈。不难想见，在那个书籍难得一见的年代里，黛玉却从小就耳濡目染，沉浸在书籍当中。因此，相比同龄人，她的教育起点就高。当然也有一些后天因素，黛玉自幼缺少母爱，性格敏感。后来到了外祖母家，闲暇时间多，不用考虑吃穿住用。人一闲，心思细腻，加上敏感，愁也便多了——这也是写作诗词所必须具备的一个很关键的要素。

再说地利。

姑苏是林黛玉的老家。古人说，南方的才子北方的将，黄土高原埋皇上。南方才子多出苏杭，姑苏向来就有“文物礼教之邦”的美誉。“在古代长达1300多年的科举中，苏州出了近3000名进士，50名文武状元，官至宰相者10人。”（《苏州科举那些趣事》）。值得说道的还有苏州的高等教育书院多。和林黛玉差不多同时代的，就有赫赫有名的紫阳书院，当时的皇帝爱新觉罗·弘历就曾六下江南、六到苏州、六临紫阳书院，并对紫阳书院表达了最深切的关怀。

也许有人会说，黛玉生在扬州啊，不是苏州！好吧，“天下三分明月，二分独照扬州”的唐朝虽然过去了，但扬州的文教依旧一流。“江宁布政使所属各府之文化，以扬州称首。”“扬州之书院，与江宁省会相颉颃。其著者，有安定、梅花、广陵三书院。”（柳诒徵《柳诒徵文集》）生在哪里虽然不是最重要的，但也不是不重要。比如，生在海淀区北大附近的孩子和生在贵州山沟里的孩子能一样吗？在教育日趋公平的今天，北大仍是北京人的北大，复旦仍是上海人的复旦。在黛玉的时代里，不存在所谓的教育公平，书院对当地发挥的文教作用更是不言而喻了。

再说人和。

先说自家基因。父亲是探花，母亲是书香门第之后。在贾母眼里，“独疼你母”，贾敏的乖巧和聪慧也是可以推测的。贾敏是读过书的。赞同不做“睁眼瞎”的贾母，对唯一的女儿怎么可能不支持她读书呢？黛玉的出身，说明基因是相当重要的。外加自己“聪明清秀”，记忆力极好——读完《西厢记》，对宝玉说：“你说你会过目成诵，难道我就不能一目十行么？”悟性极高，已是不凡。虽然缺少父爱母爱，到了外祖母家，表姐妹们个个都是人中龙凤，作个诗，写个字，画个画什么的，熏也熏出几分文艺范儿。

黛玉的外在条件具备了成为学神的可能性，但关键还在内因。黛玉出自单亲家庭，性格敏感，缺父爱、少母爱，外婆家那么好的条件，她还说“一年三百六十日，风刀霜剑严相逼”。实事求是地说，这句话有些夸张。但性格上的敏感多少造就了她对语言文字的敏感。

当然，天下所有的学神都有着共同的特点：其一是天赋，或者说基因、悟性。其二是勤奋。举一个例子，第八十五回，袭人来潇湘馆看黛玉，黛玉早上刚刚起来，洗漱完毕，就开始读书了。袭人还说：“怨不得姑娘劳神，起来就看书。”回看眼下，多少美女的早晨，冬天献给了被窝，夏天献给了淘宝与韩剧？其三是自学能力。黛玉的学历，确切地说是幼儿园吧？5岁上学，其间还老请假，但林黛玉好学。第八十六回，连“杂学旁收”的宝玉都不认得琴谱，而黛玉虽然自认为“不弄了，就没有了”，她曾在扬州学过，尽管学的时间不够长，但对于琴谱，“一说便可以知道的”。

林黛玉语文好，还有一个重要的原因：早恋。早恋和语文成绩好有关系吗？有的。海明威说：“在任何没有他人干涉或是打扰的时候，人都能好好写作……但恋爱中的人肯定写得最好。”我想，这可能是恋爱中人更敏感、更细腻，也更多愁。确切地说，是痛苦，越是痛苦而不可得，越容易催生出想象。愤怒不一定出诗人，但痛苦却是能催生出诗人。林黛玉的愁可不是一般的多。亡国之君的李煜思故国、想江山、慨人生，愁是“一江春水向东流”；而在黛玉那里，愁简直就是汪洋大海，浩浩荡荡，无边无际。我在教书的过程中，发现早恋的学生特别痴迷写日记，一腔心事全付与文字。黛玉可不就是这样的吗？临到愁涌，那诗稿，一把一把往火盆里丢。读到这里，我常常眼含热泪。不仅为黛玉的诗稿感到可惜——那可都是对她的意中人说不尽的相思、道不完的牵念啊！更是对即将逝去的生命与青春的痛悼。

说完了黛玉作为学神的条件，再看看她作为学神的表现吧。

宝玉大姐元春从皇宫回来探亲，要大家写诗。宝玉要作四律，“大费神思”的时刻，黛玉操刀代笔，“低头一想，早已吟成一律”。这诗当然很一般，显然不如她那些写“愁”的诗，但这速度算得上神速吧？

秋爽斋结诗社，歌咏白海棠，是现场的诗歌大赛。有评委，要求高，限题目。参赛的同学接过纸笔之后，“便都悄然各自思索起来。独黛玉或抚梧桐，或看秋色，或又和丫鬟们嘲笑”。宝玉呢？“背着手，在回廊上踱来踱去”。看看黛玉同学这从容潇洒的气度，这份自信的淡定。待大家都好了之后，问一句：“你们都有了？”“说着，提笔一挥而就，掷与众人。”活脱脱一副学神的样儿。幸好参赛选手不多，不然，指不定会招来多少羡慕嫉妒恨呢！

菊花诗赛事上，黛玉也是如此发挥。12首诗歌，独她和湘云各占3首，并继续保持着令他人望尘莫及的速度。并且，李纨评委发话：“《咏菊》第一，《问菊》第二，《菊梦》第三，题目新，诗也新，立意更新。”这三首诗歌的作者全是林黛玉。也就是说，黛玉一人包揽了前三名。

黛玉不仅善作七律，作歌行体也是一把好手。一篇《桃花行》，其中有这么几句：

若将人泪比桃花，泪自长流花自媚。
泪眼观花泪易干，泪干春尽花憔悴。
憔悴花遮憔悴人，花飞人倦易黄昏。
一声杜宇春归尽，寂寞帘栊空月痕。

这些诗句，宝玉“看了并不称赞，却滚下泪来”。把哀音写得恰到好处，委婉含蓄而又不失分寸。

在填词方面，黛玉也是高手。她的一曲《唐多令》：

粉堕百花洲，香残燕子楼。一团团逐对成毬。飘泊亦如人命薄，空缱绻，说风流。

草木也知愁，韶华竟白头！叹今生谁舍谁收？嫁与东风春不管，凭尔去，忍淹留。

这是我年少时期记住的《红楼梦》中的第二首诗词（第一首是一句“寒塘渡鹤影，冷月葬诗魂”），它出现在我的语文教材里。这样的诗词，只需看一遍，就会自己钻到心窝里来。

林黛玉作为学神，再厉害也只在大观园里。对于这一点，林学神有着自知之明：“谁不是顽？难道我们是认真作诗？若说我们认真成了诗，出了这个园子，把人的牙还笑倒了呢。”黛玉的诗放在外面又是怎样的呢？

宝玉接过黛玉的话说："前日我在外头和相公们商议画儿，他们听见咱们起诗社，谁不真心叹服？他们都抄了刻去了。"

当时的社会贤达或读书人都是"抄了刻去"，这是一种出版的意识，说明社会对大观园内姑娘们的作品是高度认同的，这些作品已经达到了相当高的水平。实际情况是几百年之后的今天，这些作品依然打动着我们。

不务“专”业的语文学霸

我有一个朋友，喜欢在数学课上睡觉，但数学永远是第一名，恨得我这种数学后进生牙痒痒的，却一点法子也没有；数学课睡完之后呢，又在化学课上拿一个矿泉水瓶，装进自己的尿，研究其中到底是什么成分；折腾完之后，一头扎进金庸的武侠世界里，吃饭的时候，左手武侠小说，右手扒拉着饭。最后，他进了北大。

这位学霸倒不是不务正业，他只是不务“专”业。

不务“专”业与学霸联系在一起，貌似有点矛盾。但在语文学习上，这样的例子还是很多的。

比如，贾宝玉就是一个典型。

第三回，王夫人向黛玉说起宝玉，书中写道：“黛玉亦常听得母亲说过，二舅母生的有个表兄，乃衔玉而诞，顽劣异常，极恶读书。”这八个字，是贾敏也就是黛玉的母亲给侄子下的评论。事实真的是这样吗？

殊不知，宝玉发蒙得很早呢！他的启蒙老师就是他的大姐元妃。

“宝玉未入学堂之先，三四岁时，已得贾妃手引口传，教授了几本书，数千字在腹内。”（第十七回至十八回）宝玉怎么会不读书呢？他比一般孩子都要读得早。

宝黛初会，宝玉就引经据典了一番：“《古今人物通考》上说：‘西方有石名黛，可代画眉之墨。’”探春笑道：“只恐又是你的杜撰。”宝玉笑道：“除了‘四书’外，杜撰的太多，偏只我是杜撰不成？”这一句有意思，貌似他读过“四书”了，并且，也读过一些“杜撰”的书。

那么宝玉厌恶读什么书呢？他厌恶的是教材而已，说白了，就是“四书”。但是，这并不表示他不读“四书”，“‘学’‘庸’‘二论’是带注背得出的”（第七十三回）。《孟子》也算是半生半熟吧。除了教材之外，他也读古文。《左传》《公羊传》《谷梁传》以及汉唐等文，“虽闲时也曾遍阅”，只是“随看随忘，未曾下苦功”而已。（第七十三回）

至于不爱读的书，老爹要考他时他就懵。不过，有经验的语文老师一定见过，语文课上不听讲偷看抽斗里的课外书的“坏小子”，成绩未必差。

“命四儿剪灯烹茶，自己看了一回《南华经》。”宝玉哪里没有读书嘛？不仅在看，而且“意趣洋洋，趁着酒兴，不禁提笔就续”。（第二十一回）

第二十三回，宝玉早饭后，来到沁芳闸桥边桃花底下一块石上坐着，展开《会真记》，从头细玩。读到“落红成阵”，只见一阵风过，把树上桃花吹下一大半来，落的满身满书满地皆是。读书叫作“细玩”，再看挑选的环境，如此清雅，真是适合读《会真记》，也就是《西厢记》。这样读书的学生怎么会是“顽劣异常”呢？

此时，正好黛玉葬花回来，见被逮了个正着，宝玉慌忙说自己的书是《大学》《中庸》。可这怎么能骗得过冰雪聪明的黛玉呢？于是宝玉对《西厢记》做了一番评价：“真真这是好书！你要看了，连饭也不想吃呢。”这句评价说明他对这本书已经痴迷到了极点。朱熹老师也曾说过读书“使饥忘食，渴忘饮”。自然，《西厢记》这本书就到了语文学神林黛玉手上：“从头看去，越看越爱看，不到一顿饭工夫，将十六出俱已看完，自觉辞藻警人，馀香满口。虽看完了书，却只管出神，心内还默默记诵。”

在宝玉那严厉的父亲眼里，除了“四书”，其他几乎都不算书。“什么《诗经》古文，一概不用虚应故事”，连《诗经》他都看不上。但是，对儿子对对子一事，他却并非全然反对。第十七回，贾政逮着宝玉逛即将竣工的省亲别墅，宝玉这下可是出尽了风头，而且还是现场作文。

这位学霸不仅读当时的禁书，玩对子，还是一个杂家。

第七十八回中写道：“那宝玉虽不算是个读书人，亏他天性聪敏，且素喜好些杂书。”

第八回，在薛姨妈处饮酒。宝钗嘲笑道：“宝兄弟，亏你每日家杂学旁收的，难道就不知道酒性最热，若热吃下去，发散的就快；若冷吃下去，便凝结在内，以五脏去暖他，岂不受害？”好一个“杂学旁收”！说明贾宝玉同学不是一个一心只读圣贤书的人。举一个宝玉“杂学旁收”的例子吧。

第二十八回，王夫人问林黛玉用药的情况，但记不起丸药的名称。宝玉说不是人参养荣丸，同时，还一口气说出好几个药名来：八珍益母丸、左归丸、右归丸、麦味地黄丸……这些药，出自明朝张景岳的《景岳全书》。一口气说出几个药名，并且出自同一本书，这不能是胡说吧？虽然最后由另一位学神级别的宝钗猜出来是“天王补心丹”，但这也是宝玉“杂学旁收”的一个例证了。《胡庸医乱用虎狼药》里的“虎狼药”枳实、麻黄可是宝玉亲自去掉的。王太医第二次给晴雯诊脉，宝玉也要过目方子。“已将疏散驱邪诸药减去了，倒添了茯苓、地黄、当归等益身养血之剂。”（第五十五回）

另外，宝玉所做的《芙蓉女儿诔》算是“杂学旁收”的代表了。“这篇祭文将学问、情感、文采熔为一炉，虽是‘随意所之，信笔而去’，却挫千百年诗书典籍于笔端，酝酿时独自思索，就决心师法《大言》《招魂》《离骚》《九辩》《枯树》《问难》《秋水》《大人先生传》等，直接面对屈原、宋玉、庾信、庄子、东方朔、扬雄、阮籍等先人先师的智慧。行文之中又涉猎《山海经》《诗经》《尚书》《礼记》《楚辞》《南华经》《淮南子》《史记》《述异记》《汉书》《西京杂记》《晋书》《旧唐书》《乐府诗集》《世说新语》《处州府志》《广博物志》《太平广记》《太平御览》《续窈闻记》《钧天乐》等经典书籍中的史实、故事、知识等。宝玉作为诗人，不是只会抒情只会咏叹的诗人，而是通古今阅千典的诗人。”（刘再复《红楼人三十种解读》）

第四十八回，说到诗社的事情，宝玉说“前日我在外头和相公们商议画儿”。画画，他也不算外行啊！

书法呢？宝玉也应该称得上是一个高手。第八回，贾府一批下人，戴良、吴新登、钱华等人偶遇贾宝玉，向他讨要斗方：“字法越发好了，多早晚儿赏我们几张贴贴。”宝玉问他们在哪里见过，他们回答说：“好几处都有，都称赞的了不得，还和我们寻呢。”在同一回，贾宝玉写了“绛芸轩”三字，请黛玉看，黛玉的评价是：“个个都好。怎么写的这么好了？明儿也与我写一个匾。”好几处都有，说明多；称赞，说明写得不错。即便下人们的话里有溜须拍马的成分，但你什么时候见过黛玉恭维人？

宝玉同学的书法着实下过功夫。

在第七十回里，袭人劝宝玉收心，怕贾政来检查他的家庭作业。说到书法，宝玉说：“我时常也有写的好些，难道就没收着？”“明日开始，一天写100字才好。”第二天，“窗下研磨，恭楷临帖”。

但贾宝玉同学用心不专，“四书”读是读了的，不过读得不精。“最喜内帏厮混”的公子哥儿性情也让他在一些场合有捉襟见肘的时候。

譬如他的大姐封了妃子后，从皇宫里回来省亲，把“红香绿玉”改成“怡红快绿”，贾宝玉同学偏跟自己名字中最后一字过不去，想好的“绿玉春犹卷”生生被学神宝钗逼回去了，只吓得不断“拭汗”。

还有一次现场诗歌比赛，宝玉也栽过跟头。

秋爽斋咏海棠。探春写完了，还改抹一回；宝钗有了，也在斟酌更好的；至于学神黛玉，那简直就是“谈笑间，樯橹灰飞烟灭”的从容潇洒；贾宝玉同学呢，“背着手，在回廊上踱来踱去”，最后，被评委李纨评了个末等，这也算是他栽过的一个跟头，谁叫上来比赛的都是高手呢！

语文学习的一个秘诀就是博览群书，杂学旁收。教材有辨别地读一点，固然也不差，但总的来说，语文搞的就是书海战术。不务“专”业的宝玉同学给我们树立了一个语文学习的榜样，也给我们提供了一个借鉴。

德智体美全面发展的好学生

贾兰是个好孩子，乖学生。

他5岁就开始入学攻书，发蒙得很早。现在，我们虽然可以3岁上幼儿园，但要上小学读书，都要等到6岁或者7岁。林黛玉进贾府的时候已经5岁了。当时，贾母、邢夫人、王夫人等长辈都在现场恭候林大姑娘的到来。这里有一个问题：三姊妹的出场为什么比三位长辈还要晚呢？还有贾兰，可以说是林黛玉的晚辈了，他为什么没有出现在现场呢？

这两个问题的答案其实是一样的：他们都上学去了。至于三姊妹，老太太直接说“今日远客才来，不必上学去了”，所以一叫就过来了。但贾兰不同，他是男孩子，读书以求取功名，这是他今后要走的路。所以，他不在场最可能的原因就是入学攻书去了。果然，黛玉一一拜访贾府亲戚，到了寡嫂李纨的房间，被告知贾兰“今方五岁，已入学攻书”。

贾兰的好和乖体现在爱学习、爱体育、孝敬长辈上。

第七十五回，贾珍因居父丧，“每不得游顽旷荡，又不得观优闻乐作遣。无聊之极，便生了个破闷之法。日间以习射为由，请了各世家弟兄及诸富贵亲友来较射”。贾兰也参与了这项活动。他之所以参与，不仅仅是因为热爱运动，更重要的是他有这个爱好，或者说，他有这个基础。

还在很早之前的第二十六回，宝玉出门，遇见两只小鹿箭也似的跑来，只见贾兰在后面拿着一张小弓追了上来。宝玉对他说：“你又淘气了，好好的射它做什么？”贾兰笑道：“这会子不念书，闲着做什么，所以演习演习骑射。”从这句话里似乎看得出来，贾兰读书之余总是将演习骑射作为一种放松的方式。据清朝评家的点评，此时的贾兰已经11岁，但他非常懂得劳逸结合。

这只是他的勤奋，勤奋的结果总是良好的。祖父贾政对他的评价是“腹中虚实，去宝玉不远”。这绝对是很高的评价。因为其一，宝玉的年纪比他大。其二，宝玉杂学旁收，贾兰呢，主要是读“四书五经”。而这样居然也能和宝玉较腹中虚实，只能说明他对教材读得相当好。所以，“若论举业一道，似高过宝玉，若论杂学，则远不能及”。此评价也是对的，但我认为这没有褒宝玉贬贾兰的意思，举业不是我们想得那么坏。贾兰在私塾里就已经开始学作对联了，宝玉说，“师父还夸他明儿一定大有出息呢”。但清朝举业里毕竟没有作诗，所以，作诗自然和“空灵娟逸”的宝玉没法比，也有点八股文的味道。可是，13岁的贾兰敢和两位叔叔宝玉、贾环一起在爷爷面前作诗，且其中一位还以“杂学旁收”著称，已经非常不错了。在此之前，贾环、贾兰叔侄也曾“当着多人皆作过几首”。贾环呢，看了题，“遂自去思索”，宝玉还在“出神”，贾兰就先有了。诗是这样的：

> 姽婳将军林四娘，玉为肌骨铁为肠。
> 捐躯自报恒王后，此日青州土亦香。

在场的大家是什么反应呢？“众幕宾看了，便皆大赞。”这大赞固然有讨好贾政的意思。贾政自己也说：“稚子口角，也还难为他。”这还是笑着说的。贾政笑着夸自己的子侄，可不多见。实话说，这首诗出自13岁的孩子之手，确实是“也还难为他”，至少这首诗看不出太多的八股味道。单这最后一句就让我们想起了王维《少年行》中的那句“孰知不向边庭苦，纵死犹闻侠骨香”。甚至可以说贾兰这句比王维的更进一步，不仅侠骨香，连土也香。值得一说的是，此处各种脂本都写作“土亦香”，到了程高本却变成了“土尚香”。此一改，高下立判，原意是不但侠骨留香，连同埋她的尘土也是香的。“亦”改为“尚”，着眼点就在时间上的“此日”了。

在曾祖母的丧期，贾兰不仅关心自己的母亲，也留意“理书”。贾母去世之前对他说：“你母亲是要孝顺的”，他做到了。他对母亲说：“妈妈睡罢，一天到晚人来客去的也乏了，歇歇罢。我这几天总没有摸摸书本儿，今儿爷爷叫我家里睡，我喜欢的很，要理个一两本书才好。”可见，他对读书是发自内心的喜欢。

之前过元宵节的时候，大家都在一起赏灯猜谜，但是因为贾政没有邀请，所以贾兰就没有过来。大家笑着说他“天生的牛心古怪”，固然是有点倔，但在大家族里，这何尝不是一种孝亲知礼呢？试想，假如贾兰来了，贾政一看，问："你不读书，怎么来了？"贾兰如何是好？毕竟，在那个时代，入学攻书的孩子并没有法定的假日。

第九十四回，贾母带着大家一起赏冬日开花的海棠，要求宝玉、贾环、贾兰作诗。作出来之后，贾母虽说"不大懂诗，听去倒是兰儿的好，环儿作得不好"。说实话，这三首诗都不怎么样，尤其是宝玉的，哪里还有"空灵娟秀"的半点味道？但值得说道的是，贾兰写完之后是"恭楷誊正"交给贾母的，其他人都没有做到这一点，只有在给宫里的娘娘猜出灯谜时才会"恭楷"。这也说明贾兰在敬老遵礼方面做得很好，并且，他的书法应该也不错。当然，这是任何一个参加科举考试的人必须具备的基本功。

果然，他和叔叔宝玉一起参加乡试，虽然不像先前祖父说的那样举业高于叔叔，但还是考了第130名，这是难得的好成绩。科举的排名放到历史的时空里，固然并不重要。宋仁宗嘉祐二年那一榜，可谓是科举史上最重要的一榜，因为主考官是欧阳修，阅卷老师有梅尧臣，考生中有苏轼、苏辙，有曾巩、曾布，有吕惠卿、章惇，还有程颢、张载，谁还记得那一榜的状元是章衡、解元是窦卞、探花是罗恺？可是，如果你无法预估自己在历史时空中的地位，那么仍然得重视当下的排名。

贾兰的排名到底怎么样呢？不妨看看历史资料。虽然曹雪芹一直不肯说自己书中的故事是什么年代的，但我们还是知道它发生在清代，并且主要是在乾隆年间。我们就不妨回顾一下乾隆年间的录取情况吧。从顺治到乾隆初，不同时期各省乡试录取额根据实际情况略有增减，依据文风之高下、人口之多寡、丁赋之轻重，各省考中的人数自然也就不一样。顺天最多，天子脚下嘛，共录取了168名。（王道成《科举史话》）这么一看，贾兰的排名不怎么样啊！

再看看参考的人数。乾隆九年曾规定直隶、江南等6个大省，地方送80名考生，录取1名；其他地区有60名、50名和40名（贵州）的，也就是说录取比例是80：1，最好的是40：1。但实际情况是，地方所送考生太多，录取率则由原来设想的几十分之一，变成了几百分之一，万人竞争百个名额的情况很常见。有人统计过，乾隆年间全国的生员数是50多万，每届乡试录取的举人只有1000多名，全国州县1600多个，平均下来，一个县四年才出一个举人——考取举人之难度可想而知，即便现在的公务员考试，也无法与之相比。

不妨再古今对比一下：北大、清华两大牛校在湖广，也就是现在的湖南、湖北两省的每年招生计划在300人左右，而清代两个省的举人名额，湖北48人，湖南45人，加起来才93人。（潘剑冰《疯狂的科举》）所以，别不拿贾兰的130名不当一回事。

看到这里，我们就会明白范进中举后为何会那么疯狂。贾府上下因为贾兰中举而兴高采烈，王夫人也是“心下欢喜”，李纨呢，自然也是欢喜的，只是因为不见了宝玉，不敢喜形于色罢了。这么一看，贾兰真可谓是德智体美全面发展的好学生。

最好的语文课代表

傍晚的红楼读书会结束之后，语文课代表问我："老师，如果在大观园里要你选一个人做你的课代表，你会选谁?"

我一下子愣住了。讲真的，我从来没有想过这个问题，而且语文课代表问这个问题，好像有点"小心机"。我只好告诉她，老师得好好想想，下节课再回答你。

想来想去，我对所谓的课代表并没有什么特殊的要求。课代表基本上不是我定的，要么是学生民主推选，要么是学生主动自荐，要么是由班主任任命。平时，课代表所做的事情也比较简单，只需要稍微认真负责一点就能做好。不过遇到某些事情，诸如演讲、辩论比赛之类的大型活动，就需要课代表的能力了。

那么，我会在大观园里选谁做我的语文课代表呢?

黛玉当然是响当当的语文学神，她的水平完全可以取代我去讲诗歌欣赏课。但是，成绩好未必就适合做课代表，做课代表是需要做杂事的，以她的性格会得罪不少同学，尤其会得罪像贾环、薛蟠这样的“学渣”，谁要是没交作业，她的刀子嘴就伤到谁；反过来，这位见到“风流婉转”的黛玉就“酥倒在地”的薛蟠，会联合贾环，时不时骚扰一下黛玉，从而让黛玉动不动就流眼泪，会有处理不完的事。更要命的是，林黛玉“孤标傲世”，课代表的那些俗务哪里会放在眼里记在心上？虽然她是我最爱的“学生”，但估计她不会搭理我——她从贾雨村老师那里“毕业”之后，就从来没有提过这位老师。倘若说小时候记忆力差，不记得幼儿园老师尚在情理之中，那么，贾雨村老师常常活动在贾府，黛玉却从不提及，这就有点过分了吧？贾老师都是如此遭遇，当我这种俗人的课代表，黛玉又如何会稀罕？

那么贾宝玉呢？宝玉杂学旁收，知识面广，但是我掌控不住他。毕竟，宝玉同学太讨厌教科书了，他压根就不是坐在教室里听课的主儿。高考压力会让他崩溃的，连番的学考、选考、模拟考，我猜会把他折磨得发疯。他哪里适合做一名应试教育体制下的课代表呢？

妙玉就更不要说啦，目下无尘，单说暑假补课时黑压压的人群挤在教室里，那弥漫开来的汗臭味立马就能让她飘然而去。没有一所学校的饮水机能提供给她“去年蠲的雨水”，让她用来泡香气高爽、味道高淳的老君眉。她压根就不会走进任何一间教室，更别提做什么课代表了。

宝钗算是合适的，但毕竟是外来学生，户籍不在此地，尽管她有进京选妃的资格，还有做京营节度使的舅舅和户部员外郎的姨父庇护，但是按照她的性格，催人交作业或者把没能及时交作业的同学名单记录下来并交给老师这样得罪人的事情，她未必乐意干。虽然我乐意和云丫头打交道，这孩子大大咧咧、单纯可爱，可她时不时要被她的婶娘带回去，因家庭原因旷课的可能性很大，这样毕竟影响不好。

迎春太呆；惜春年纪太小，兴趣又在画画上，不喜欢语文，要她做语文课代表未免强人所难；元春忙于宫内之事，着实没时间。

想来想去，只有两个人最合适：李纨和探春。

李纨是响当当的“大姐大”，为人谨慎，做事也认真。虽然说“竟如槁木死灰一般”，实际上并不全然如此。选她做课代表，一是服众，没有太多的反对意见；二是她能帮我改作业，让我有机会偷懒。比如第三十七回，结海棠社，帮着定约定，取笔名，雷厉风行；再比如第三十八回，评菊花诗：“等我从公评来，通篇看来，各有各人的警句。今日公评：‘咏菊’第一，‘问菊’第二，‘菊梦’第三，题目新，诗意也新，立意更新，恼不得要推潇湘妃子为魁了。”改完作业之后的李纨，无人不服。宝玉更是“喜的拍手”。组织能力强，批改作业精，平时又能服众，这样的语文课代表哪里找去？

但是，毕竟人家是孤儿寡母，真要坐在教室里天天催交作业，批改作业，多少让人为难。所以，课代表的上上人选只能是探春了。

确实，我喜欢探春，也喜欢她做我的课代表。正如在黛玉眼里，探春是个“顾盼神飞，文采精华，见之忘俗”的女子。

我和她有相同的爱好：喜欢书画。你看她的房间摆设就知道探春同学“素喜阔朗”，“当地放着一张花梨大理石大案，案上磊着各种名人法帖，并数十方宝砚，各色笔筒，笔海内插着的笔如树林一般。那一边设着斗大的一个汝窑花囊，插着满满的一囊水晶球儿的白菊。西墙上当中挂着一大幅米襄阳的《烟雨图》，左右挂着一副对联。乃是颜鲁公墨迹，其词云：烟霞闲骨骼，泉石野生涯”。不仅毫无半点脂粉气，还处处体现出大气：案大，花瓶大，挂图大，屋子也大。“各种名人法帖”，我也不缺；而米画颜字，更是我的大爱。我们会有很多共同话题。所以，从主观上说，我喜欢探春做我的课代表。

除此之外，探春同学具备了很好的能力。最能体现她能力的就是《秋爽斋偶结海棠社》一回，单看那结社的邀请信就令人大呼过瘾。“风庭月榭，惜未宴集诗人；帘杏溪桃，或可醉飞吟盏。孰谓莲社之雄才，独许须眉；直以东山之雅会，让馀脂粉。”真忍不住要学金圣叹大叫一声“可浮一大白”！谁说只有“汉书可下酒”？这可真是“朴而不俗，直而不拙”。我代为指导过好几届文学社，实话实说，很少有学生写得出让我满意的征稿启事来。探春的这封书信，不但点子新，而且气魄盛。若要搞个演讲比赛、诗歌朗诵比赛、现场作文比赛什么的，凭着她的文笔随便写个启事，恐怕就能一呼百应；要是她代表班级参赛，即便在大观园这样高手如林的班级里，也算得上是一把好手。所以，真要放在学校，哪里只是课代表的才，文学社社长也不在话下。

果然，海棠社起来了。大家集思广益，提出了很多建设性建议。李纨自荐掌坛，黛玉提议更改姐妹叔嫂的俗称，迎春抽书限韵，便有了一次大观园儿女们的现场作诗比赛。探春的速度还是第一。“一时探春便先有了。自提笔写出，又改抹了一回，递与迎春。”自荐掌坛的李纨，在宝玉心目中可是“虽不善作却善看，又最公道，评阅优劣，我们都服的”，她在评价蘅芜君宝钗含蓄浑厚、黛玉风流别致的同时，认为探春的也是“大家称赏”的。还有“玉是精神难比洁，雪为肌骨易销魂”“高情不入时人眼，拍手凭他笑路旁”“明岁秋风知再会，暂时分手莫相思”这样的句子，读来让人豪气填膺。三姑娘的文学才能虽难与薛、林相媲美，也算是高手，足可以让诸多人服气。

探春虽然“素日里也最平和恬淡”“言语和顺，性情安静”，但她还有“精细处不让凤姐”（第五十五回）的优点，比起其他人，更适合做事。她的精细与宝钗的“装愚守拙”自是不同，与凤姐锋利之中满含杀机有别，她是锋利中更见严正（俗称的“辱母抬婢”则是例证）。单说贾赦强娶鸳鸯一事，邢夫人来劝王熙凤成全，王熙凤先是一通义正词严，奈何遇见愚蠢又刚愎自用的婆婆，只好圆滑应承，还给邢夫人戴上一顶“到底是太太有智谋，这是千妥万妥的”的大帽子，简直有点可恶。最后的结果是鸳鸯向贾母诉苦，老太太一顿臭骂，骂的却是王夫人。在场的一批人，王夫人自己不敢辩，薛姨妈不好辩，薛宝钗不便辩，李纨、凤姐、宝玉也是不敢辩，迎春老实，惜春太小，唯有探春，先是“陪笑”，再说：“这事与太太什么相干？老太太想一想，也有大伯子要收屋里人的人，小婶子如何知道？”先陪笑，是态度，再说观点和理由。理由可谓是“一剑封喉”。她要是写辩驳性的议论文，恐有韩、柳之才。所以，才为王夫人赢得了贾母的道歉。一句话，化解了王夫人的委屈和大家伙的尴尬。更重要的是，还消释了贾母的怒火。这是很高的情商。所以脂砚斋说“探春看得透，说得出，办得来，是有才干者，故赠以‘敏’字”。

在我看来，三姑娘探春是个雄才伟略的改革家、实干家，是英豪，是干才。让她在我的班级里做事，确实委屈了她。不过，如果真要让我选出一个课代表，她是最佳的。

如果我到大观园里去做班主任

在红楼读书会上，学生给我出了一个难题："老师，如果你穿越到《红楼梦》里去做班主任，你会不会觉得特过瘾？教他们肯定比教我们更有趣吧？"穿越剧看多了的孩子提出的问题，还真有意思。

当时没有细想，后来才发现，到《红楼梦》里去做班主任，这事还真干不了！

这个问题其实有两种情况：第一，如果我穿越过去，会发现我干不了，因为能力有限，"四书五经"不会背，诗词歌赋也基本上写不好；第二，如果《红楼梦》里的那些孩子穿越过来，我会发现我不愿意干，因为我现在所教的班级比《红楼梦》里的孩子更有趣。

还有一点不得不引起我们注意：《红楼梦》里单亲家庭的孩子和孤儿太多！

当然，不是所有单亲家庭的孩子都会有问题，我也并非歧视单亲家庭的孩子。鲁迅先生15岁的时候，父亲周伯宜就去世了，但他照样成为一代文豪，他的两个弟弟也在各自的领域里成就不凡。胡适的父亲在他只有5岁的时候就英年早逝，但胡适也照样成为一名了不起的思想家。老舍先生也是从小随母亲一起长大的。夫妻每天一小吵、三天一大吵的家庭比单亲家庭对孩子的成长更不利。可是，在《红楼梦》里，不光是存在着单亲家庭的孩子，这样的孩子还很多。多了，就会有问题，这应该是不争的事实。

《红楼梦》里单亲家庭的孩子或者孤儿到底有多少？我没有做过统计，先从金陵十二钗说起吧。

林黛玉，书中刚刚说黛玉“方五岁”“堪堪又是一载光阴，谁知女学生之母贾氏夫人一疾而终”，可见林黛玉成为单亲孩子时，只有6岁。黛玉自从进了贾府，虽说还有父亲，但其实也像个孤儿。何况她作为单亲家庭的孩子，也只是做了三四年而已。(周绍良《细说红楼》) 父亲林如海死后，她就成为真正意义上的孤儿了。林黛玉尖酸敏感的性格是有目共睹的，周瑞家的领薛姨妈之命送宫花，最后一个给黛玉，黛玉问：“还是单送我一人的，还是别的姑娘们都有呢？”问这句话的，只有黛玉一人。当周瑞家的说出大家都有的时候，黛玉冷笑道：“我就知道，别人不挑剩下的也不给我。”她的性格不能说与她的家庭情况没有半点关系。

薛宝钗，单亲。她父亲去世的时候，没有说她多大。但是，书里明确记录的是兄妹进京的时候，薛蟠15岁，宝钗13岁。从性格上来说，她衣着淡雅，住处素净，吃的是“冷香丸”，表明她的性格有一些偏冷——至少是外在偏冷，甚而在金钏投井的事情上，也表现出冷漠乃至冷酷。如果金钏和宝钗都是我的学生，面对金钏的死，宝钗的表现如此冷酷无情，那么，即便她是学神级的人物，也太让我寒心了。

“四春”之中，元春是贵妃，父母健在，有人疼有人敬，虽然被早早送到那“见不得人的去处”，但即便我穿越过去，她也做不了我的学生，因为已然在皇宫里了。探春，父母健在，可也算得上半个单亲。不认生母，只认嫡母。不过，探春的性格我倒是很喜欢。迎春和惜春，虽说名义上有嫡母，实际上也是单亲，生母并不在，基本上跟随祖母史太君长大。迎春性格懦弱，诨名“二木头”，第七十三回《懦小姐不问累金凤》中，奶妈将攒珠累丝金凤拿去典作赌本，她不闻不问，但求息事宁人。惜春呢，抱定“不做狠心人，难得自了汉”，撵走自己的丫头入画，难怪尤氏说她是个“心冷口冷心狠意狠的人”，比薛宝钗有过之而无不及，小小年纪，就已看破红尘。我有个偏见，看破红尘的学生是最难教育的，因为其内心已失去了任何向上的动力。另外，惜春也是一个性格内向的学生，性格内向的学生需要重点照顾，她们心思过于细腻敏感，稍有不慎就会出现意想不到的问题。

写到这里，我脑海里回想起一件事情来。记得初为人师的那一年，我在课堂上看见一个女学生，她低着头，脸被头发全部遮住。我借机让她回答问题，她站起来后脸依旧看不到。于是我说：“能让老师看到你吗?”她坐下，突然趴在桌子上号啕大哭起来。我束手无策，那是生平遭遇最尴尬的一堂语文课。我自己性格外向开朗，所以面对性格内向的学生不免处处小心。

秦可卿呢，她是秦业从育婴堂抱养来的孩子，虽然不能说是孤儿，但也应该算是单亲，书中没有写秦业尚有妻子在。

妙玉，父母双亡，三四岁就带发修行，由精研先天神数的师傅带她。众人都评价她不合时宜、不容权势，但是不得不说其洁癖令人讨厌。她看不起刘姥姥这等劳动人民，如果我去做她的班主任，定然也不被她放在眼里。

史湘云也是孤儿，但就性格来说，是十二钗中最健康的。剩下的几个，李纨年纪太大，王熙凤有家事要管，巧姐年龄又太小，即便穿越过去，她们几位估计也不会坐在我的班级里听课。

至于金陵十二副钗中，香菱的命运更是坎坷不已。4岁时在元宵节因家奴霍启看护不当而被拐走，养大后卖给冯渊，中途又被薛蟠抢走，已然记不起父母是谁了。尤二姐、尤三姐两姐妹是继母从前夫那里带来的女儿，与贾珍之妻尤氏虽有姐妹名分，实际上是异父异母，似近实远。姐妹俩性格本是温和的，但是二姐轻信了贾琏和王熙凤，最后吞金自杀。三姐呢，因为版本区别，形象有所不同。脂本新校本是失足改过的淫奔女，程本和人文通行本里则是冰清玉洁的贞烈女子。因坎坷而自杀的二姐和刚烈贞洁的三姐，虽同为自杀，其实性格大不一样。对这两个孩子，做老师的未免要多操心。写到这里，我想起吴非老师的那篇《像太阳一样升起的白旗》，我也常常告诫学生，不管遇到什么问题都不许自杀。在小说中，人物的自杀固然是艺术的需要，但是在现实生活中我却无法接受自己学生的自杀。

李纹、李绮是李纨寡婶的女儿，也是单亲家庭的孩子；宝琴的父亲也去世了。在这里，单亲家庭的孩子和孤儿出现了十几个，可谓是一大堆了。当然，曹翁之所以这么设计，也许是为了小说本身的需要，倘不这样，很多女子就到不了大观园这个青春共和国、审美共和国。

另外，私塾里的那一帮孩子不仅孤儿多，问题学生也不少。书里说“一龙生九种，九种各别”“就有龙蛇混在，下流人物在内”，真是复杂啊！

薛蟠既是单亲孩子，也是标准的富二代，“性情奢侈，言语傲慢，终日斗鸡走马，游山玩水”，使钱如土，弄性尚气，还偶动龙阳之兴，将生得妩媚风流的香怜、玉爱哄上手，真做了“将不利于孺子之心”的事，人称“呆霸王”。浮萍心性的薛蟠，今日爱东，明日爱西，横行霸道。他又是一个时时刻刻旷课的主儿，寡母疼他，估计老师们最后一招“叫家长”都不管什么用吧？可是这香怜、玉爱对薛蟠并非真心实意，只不过是图他的吃穿银钱。谁知道等“眉清目秀，粉面朱唇，身材俊俏，举止风流”的秦钟还有宝玉出现的时候，又不免“缱绻羡慕”，四处各坐，都八目勾留，“或设言托意，或咏桑寓柳，遥以心照”。最后秦钟和香怜在后院“亲嘴摸屁股”的丑事被金荣当场拿住，不仅如此，金荣还说秦钟“素日和宝玉鬼鬼祟祟，今日他又去勾搭别人”。说实话，教书十年，我从未遇见过这样的事情。假如我是他们的班主任，我根本就没有任何经验处理这样的事情。王晓春老师的《问题学生诊疗手册》中没有将“偶动龙阳之兴”的孩子算作问题学生，不知道是不是认为这样的孩子需要专业心理医生的干预？

贾瑞，私塾掌塾贾代儒老师的长孙，父母情况没提，想必也是孤儿。祖父是私塾的管理者，谁承想他却“最是个图便宜没行止的人，每在学中以公报私，勒索弟子们请他，后又附助着薛蟠，图些银钱酒肉”，对薛蟠呢，“一任薛蟠横行霸道，他不但不去管约，反助纣为虐讨好儿”。这恐怕也是一个问题学生吧？十八九岁，正是坐在我教室里准备高考的学生的年龄，小小年纪居然动了调戏嫂子的念头。平儿说他是“没人伦的混账东西”，的确是评价到位。

另外几位，贾蔷，“宁府中之正派玄孙，父母早亡，从小儿跟着贾珍过活，如今长了十六岁，比贾蓉生得还风流俊俏。”“虽然应名来上学，亦不过虚掩耳目而已。仍是斗鸡走狗，赏花玩柳。”恐怕也难逃问题学生的嫌疑。贾菌，“亦系荣国府近派的重孙，其母亦少寡。”“年纪虽小，志气最大，极是淘气不怕人的。”好好的宝玉，上课的时候都带着四个小厮在身边，茗烟、锄药、扫红、墨雨。做老师的能受得了吗？只听说过国学大师章太炎讲课的时候有四个学生分别负责端茶倒水、板书外加方言翻译诸事，没有听过学生到私塾还带着几个小厮的。即便进入民国，在蔡元培上任前的北大，富家子弟多则提个鸟笼，跟着一个仆人而已。在闹学堂的过程中，稍微懂事的是贾蓝，看到贾菌动手，“忙按住砚，极口劝道：‘好兄弟，不与咱们相干。’”如果坐在混合班级里，这会是一个好学生。至于金荣，也是个孤儿，母亲守寡，璜大奶奶的侄子，放着好好的书不读，愣是把一件小事闹大，导致自己的母亲“贪利权受辱”。在尤氏眼里，这些都是“扯是搬非，调三惑四”之人。除此之外，还有一个贾环，把他算作问题学生应该不会有太多人反对。

加上前面的，一个班级里30多个学生差不多有一半是单亲家庭的孩子或者孤儿。

其他一些丫鬟，袭人我不喜欢，倒不是因为她过早和宝玉发生了关系，最可恶的是宝玉向黛玉表白未完，宝玉发呆，错把送扇子的袭人当成黛玉继续表白，而袭人居然向家长告了密。以我这种对班级学生在考场传递纸条只问其一不问其二的老师来说，就怕学生说出对方，会有出卖朋友的心理压力，因此主观上会对这样的学生不喜欢。金钏又未免太刚烈，而晴雯的个性又太强，在小说里都是很好的艺术角色，放在现实课堂里，我还是希望金钏不要自杀。

除了这些原因，我还有一个担忧：如果他们都穿越过来或者我穿越过去，我岂不是无法带着我现在的学生读《红楼梦》了？这可绝对是一种伟大的乐趣啊！人生少此一乐，顿觉天暗云浓。

我把这些意思说给了向我提问的这位学生听，她反问我："老师，学生有这样那样的问题，做老师的不是更应该教育他们吗？"是啊，这话说得有道理。在任何教育体制下，教师都没有办法把所有的学生都教好，尤其是学生的品德、习惯，要知道，家庭教育才是最重要的。更何况，这么复杂的学生全都聚集在一起，教育的难度可想而知。但我的回答是："所以啊，老师虽然不愿意干，但这是主观上的想法。如果他们真的都穿越过来了，恰好又坐在同一间教室里，学校又任命我为这个班的班主任，我其实是没有选择的，正如你们没有办法选择你们的语文老师一样。"

贾老师其实是个好老师

贾府有一间家塾，老师是与贾母同一辈分的贾代儒老师。他是一个失败的老师，也是一个失败的家长，却不是一个一无是处的师长。

贾老师登台亮相的第一次在第八回："乃当今之老儒。"但是，接下来的做法却与前面"老儒"的叫法有点相悖。"君子喻于义，小人喻于利"，这是儒家圣人的教导。虽然圣人还说过"富而可求也，虽执鞭之士，吾亦为之"的话，但是，"那贾家上上下下都是一双富贵眼睛，贽见礼必须丰厚，容易拿不出来"。这"上上下下"应该包括贾老师吧？这实在不应该是一个"老儒"所该有的做法啊！而且还"必须丰厚"，丰厚到什么程度呢？新学生秦钟"东拼西凑""恭恭敬敬""封了二十四两"，比《儒林外史》中周进老师"每年馆金十二两"还多了一倍。别忘了，这还只是一位学生。

这学费太高，贾老师收得有点过了。

高到什么程度呢？“如今赵姨娘、周姨娘的月例多少？”“那是定例，每人二两。”（第三十六回）一个学生的学费生生抵她们一年的收入总和。张宏杰的《顽疾》一书中记载：“清代早中晚白银购买力变化很大，雍正初年，1两白银价值人民币400元到600元之间，到嘉庆之后，1两白银大约价值人民币200元。秦钟封的24两，1两约等于人民币500元，预估相当于人民币12000元。这还没算富二代薛蟠的呢。”

贵族收费，而贾老师实行的却是平民管理。管理效果如何呢？

第九回：“原来薛蟠自来王夫人处住后，便知有一家学，学中广有青年子弟，不免偶动了龙阳之兴，因此也假来上学读书，不过是三日打鱼，两日晒网，白送些束脩礼物与贾代儒，却不曾有一些儿进益，只图结交些契弟。谁想这学内就有好几个小学生，图了薛蟠的银钱穿吃，被他哄上手的，也不消多记。”是不是管中窥豹，可知一斑？此为管理失败。

顽童闹学堂，是管理失败的恶果。闹学堂的直接原因就是“可巧这日代儒有事，早已回家去了，只留下一句七言对联，命学生对了，明日再来上书；将学中之事，老师又命贾瑞暂且管理”。教师有事，偶尔自习一节课，不算什么大事，但委托班干部时，实在是看错了人。

贾瑞是贾老师的孙子。“最是图个便宜没行止的人，每在学中以公报私，勒索子弟们请他。”贾瑞胡作非为，贾老师不明不白，居然不知，实在有损形象。最后，亲孙子死在了自己的面前。

这两件事，借用曹翁的话说，“不消多记”。

贾府子弟一代不如一代，确实是因为他们不注重教育。贾代儒老师来管理这间私塾，未免能力不足。年纪过大，何以镇住这群权贵子弟？况且在这些孩子眼里，贾代儒老师的位置不过尔尔，“未必比赖大、林之孝等为高”。但是把贾府兴衰荣辱的责任全推给他当然不公平，毕竟，贾老师也有做得不错的地方。

第十七回至十八回，大观园告竣，贾政逮着宝玉题联题匾额。起因就是：“贾政近因闻得塾掌称赞宝玉专能对对联，虽不喜读书，偏倒有些歪才情似的。”

这句话背后有文章。

首先，贾老师在家校联合这一块是做了些事情的。

他与宝玉的家长沟通宝玉在校的情况。在沟通过程中，贾代儒夸赞宝玉“专能对对联”。可以想见，贾老师在说起爱徒专长的时候，一定是喜悦之情溢于言表的，贾老师是真心喜欢这个学生的。我们是不是可以推断，如果其他学生也有特长，贾老师也会与他们的家长进行交流？

第八十回之后，贾老师更清晰地走向了前台——虽然前后有一些变化，但大抵符合他一贯的做法。第八十一回，贾政把宝玉送到家塾，对贾老师说：“我今日自己送他来，因要求托一番。这孩子年纪也不小了，到底要学个成人的举业，才是终身立身成名之事。如今他在家中只是和些孩子们混闹，虽懂得几句诗词，也是胡诌乱道的；就是好了，也不过是风云月露，与一生的正事毫无关涉。”家长明确提出了要求，可是贾老师的回复却是：“我看他相貌也还体面，灵性也还去得，为什么不念书，只是心野贪玩。诗词一道，不是学不得的，只要发达了以后，再学还不迟呢。”这句话当然表明了他的诸多立场，但从诗歌的角度看，其中的观点是错的，“发达了以后”学诗是学不好的。不过，贾老师不是在谈诗，而是在谈教育。作为一个普通的教师，不得不说他的说法是有道理的。身为高三教师的我，有时候也会把学生的高考放在第一位。我可能也会告诉学生踢足球、打篮球甚至写诗之类的，“高考完以后再进行也不迟”。

第八十二回，被续作者称为“老学究”的贾老师给宝玉讲课。令人讨厌的不是贾老师，而是前后不一致的宝玉以及与前文相反的父亲贾政。

贾老师要学生讲“后生可畏”，宝玉讲了两句停下来。贾老师“笑了一笑道：‘你只管说，讲书是没有什么避忌的。《礼记》上说‘临文不讳’，只管说”。

贾老师虽然另有所指，但是凭借这句话、这件事，我就可以断定他比现在很多老师都要优秀。我不敢说贾老师有多少自由精神，但他至少在鼓励学生大胆去说。我们的语文课往往培养“沉默的羔羊”，不得不说语文老师是有责任的。

一旦贾老师鼓励宝玉讲书，宝玉就果真放胆直言。说到“吾未见好德如好色者也”这句时，直说出“人欲就是天理”的意思来。贾老师说：“这也讲的罢了。”接下来，是一片谆谆教诲：“做一个人，怎么不望长进？你这会儿正是‘后生可畏’的时候，‘有闻’‘不足畏’全在你自己做去了。如今我限你一个月，把念过的旧书全要理清，再念一个月文章。以后我要出题目叫你作文章了。如若懈怠，我是断乎不依的。自古道：‘成人不自在，自在不成人’，你好生记着我的话。”

不要忘记，贾老师所在的家塾可不是现在的学校，没有年龄分段，完全是“混搭”式教学，老师要根据学生的具体情况分头授课。能坐下来与学生好好沟通，不用教鞭说话，真的难为他了。比起那些混日子甚至动辄体罚的老师，贾老师不知道要好到哪里去。

说到这里，我想起一个故事。

萧公权先生在《问学谏往录》中讲到，学生读书，老师犯困，于是，学生趁机在老师的眼镜上涂满墨汁，然后大家高声朗读。老师惊醒，朦胧中戴上眼镜，只见一片黑暗，说：“今天多睡了一会儿，天黑了，放学吧。”学生一哄而散。

贾老师绝没有这样出糗的时候。

第八十五回，贾政高升。宝玉到家塾见贾代儒，贾老师笑着说：“今日不必来了，放你一天假。可不许回园子里玩去。你年纪不小了，虽不能办事，也当跟着你大哥他们学学才是。”

这样的老师多么富有人性啊！

“学问中平”（贾政语）的贾老师，比“才学是有的”但“呆头呆脑”的周进老师是不是要好一些？这位《儒林外史》中的私塾老师，越过有“龙门”之称的贡院第三道门，就“眼睛里一阵酸楚，长叹一声，一头撞在号板上，直僵僵不省人事”，醒过来还放声大哭，伏着号板哭个不停，甚至满地打滚，哭得众人都凄惨起来。

这样的糗事贾老师也是没有过的。

贾老师也许不如《牡丹亭》里的陈最良那样“医卜地理，所事皆知”“论《六经》，《诗经》最葩”，但贾老师没有陈老师“闺门内许多风雅”的腐儒之见。贾老师，写，比不过把一生才情都献给旷世杰作《聊斋志异》的蒲松龄老师；编，比不过吴楚材老师，这位老师编的《古文观止》《纲鉴易知录》肯定能继续流传几百年。但单就刚才这个细节而言，贾老师并不是一无是处的。

所以，别拿现今教师的要求去苛责贾老师，他只是在那个时代里做了自己的事情。换了我，未必能做得和他一样好呢。

第二辑　课堂

大观园里的课，不在封闭的教室里，而在山水自然之间；他们的课堂，留意但不刻意；他们之所以精彩，是因为他们用一生的时间完成备课。正如帕克·帕尔默在《教学勇气》里说的：“如何为人，就如何教学。”大观园里的老师们把生活上成了一堂堂精彩的课。

林老师的诗歌公开课

戏演久了可以当导演，病生久了可以当医生，学生做久了更是可以当老师。学神林黛玉转眼间就成了语文界的特级教师。小语界名师王崧舟老师在他的《诗意语文——王崧舟语文教育七讲》里就说过这个意思；刘伟老师在《学习月刊》上发文，题目干脆就是“林黛玉可当中学语文特级教师”。

林黛玉之所以能评上特级教师，主要是因为一堂公开课——教香菱写诗。

我们不禁要问一个问题，林黛玉的教育经历并不丰富，手里头也没攥着名牌大学中文系的文凭，当年教她的老师贾雨村倒有着响当当的国家级名师的头衔，而林黛玉老师，顶多一年家教的经历，论学历，大概相当于如今的幼儿园大班。她靠的是自学成才，凭什么就收起徒弟来了？她具备做教师的资格和素质吗？

当然，有文凭的未必就具备做教师的素质，有教师资格证的未必就能教好书。

我们先看看在那个时代，做教师大抵需要一些什么素质。

2000多年前，有一位孔丘老师，除了一肚子学问外，并无其他证书、证件。办了个私立学校，一个人做校长兼政教主任、教务主任和班主任，并且提出“学而不厌，诲人不倦”的观点。于是，林黛玉老师就说：“圣人说‘诲人不倦’，他又来问我，我岂有不说之理？”这算得上是林黛玉老师教学上的一大纲领。《易经》里说：“童蒙求我，匪我求童蒙。”面对问上门来的学生，能教确实不应该推辞。我想这就是做教师的一项基本素质吧！

还有荀况荀老师，人称荀子，是个教育大家，他对老师提出四点基本要求：尊严而惮，可以为师；耆艾而信，可以为师；诵说而不陵不犯，可以为师；知微而论，可以为师。（《荀子·致士》）意思是说：有尊严，让学生敬服；有威信，有教学经验；有系统、有条理，通晓教材；了解精微的理论而且能够说清楚。这样的人可以为师。

概括一下就是：师德，师才，师格。

德和才不须多说。师格，是人格力量。教师的人格魅力更多地表现为爱心、尊重和理解。韩愈说：“师者，传道授业解惑也。”其实，比这三者更重要的是熏陶。而教师之所以能熏陶学生，靠的就是他自己的人格魅力。黛玉的成长，有着极好的家庭环境。现在香菱要学诗，也需要一个很好的环境来熏陶她。

看来，林老师除了教学经验差一点，其余的素质都具备了。至于教学经验，总需要一个开始吧。贾雨村老师当年在金陵甄家一对一辅导甄宝玉的时候，不也失败了吗？教学经验是积累起来的，更重要的还是学生的求学之心，如果学生有向学之意，那么师生之间的教学活动就会进行得更加顺利。

既然林老师具备了教师所必需的素质，那么我们看看她在这堂课之前，是如何了解学情的。

学生是甄香菱同学。她的姓，说不定连自己都不知道。“细想香菱之为人也，根基不让迎探，容貌不让凤秦，端雅不让纨钗，风流不让湘黛，贤惠不让袭平，所惜者幼年罹祸，命运乖蹇，致为侧室。且曾读书，不能与林湘辈并驰于海棠之社耳。然此一人岂可不入园哉。故欲令入园，终无可入之隙，筹画再四，欲令入园必呆兄远行后方可。”脂砚斋的这段评论，让我们多少了解了这个在元宵夜被人抱走的孩子，原来她也是书香人家出身啊，可命运的不公让她沦落到如今的地步。当年她的父亲甄士隐若在，必定对她宠爱有加，悉心教导。虽然时过境迁，但香菱同学骨子里那股好学的劲儿未曾泯灭，待喜新厌旧的丈夫离开身边，随即拜师学习写诗。

“好姑娘，你趁着这个工夫，教给我作诗罢。”一股好学的劲儿活脱脱地从纸上走下来。真佩服曹雪芹的笔。可是，这话是对薛宝钗说的。宝钗固然也是学神，但是，她不是一个好老师，至少不是一个好的语文老师。她一上来就直接打消人家的积极性：“我说你‘得陇望蜀’呢。”这可是话里有话。第一，“得陇”的功劳是宝钗的，还没感谢呢，居然就开始“望蜀”了。宝钗所谓的“得陇”，就是把香菱带到大观园里来。“我知道你心里羡慕这园子不是一日两日了，只是没个空儿。就每日来一趟，慌慌张张的，也没趣儿。所以趁着机会，越性住上一年，我也多个作伴的，你也遂了心。”第二，宝钗多多少少有一点嫌其贪多的感觉，虽然看上去像一句玩笑话。宝钗不是一个好的语文老师，但她适合做人生导师。她立马给香菱支了一招："从老太太起，各处各人你都瞧瞧，问候一声儿，也不必特意告诉他们说搬进园来……回来进了园，再到各姑娘房里走走。"为人处世她比林黛玉强得多，想得相当周到细致。

在香菱学诗的整个过程中，宝钗自始至终都在打击香菱："这个人定要疯了""学不成诗，还弄出病来呢"等话，都出自宝钗口中。我有时候想，师生是有缘分的，好学的学生如果遇见的是不好教的老师，那就很难有大的长进。同样的道理，黛玉如果教的是薛蟠，定然也出不来香菱的结果。

香菱向林黛玉老师请教作诗，林老师说的与宝钗完全不同："既要作诗，你就拜我作师。我虽不通，大略还教得起你。"字里行间全然是自信——对学问的自信。每次读到这里，我都会感到李清照老师"词别是一家，知之者少"里的那种自豪与霸气，也不由得想起在清华做讲演的梁启超："他走上讲台，打开他的讲稿，眼光向下面一扫，然后是他的极简短的开场白，一共只有两句，头一句是：'启超没有什么学问——'，眼睛向上一翻，轻轻点一下头：'可是也有一点喽！'这样谦逊同时又这样自负的话是很难得听到的。"

香菱听到这里，就要下跪拜师了。她的虔诚可想而知。接下来，林老师开始论述诗歌教学的"总纲"："什么难事，也值得去学！不过是起承转合，当中承转是两副对子，平声对仄声，虚的对实的，实的对虚的，若是果有了奇句，连平仄虚实不对都使得的。"

几句话把一件不算简单的事情说得极其简单。

教师，就要有化复杂为简单的能力。初学之人，方不恐惧。

学生懂了吗？懂了。香菱“天天疑惑”的问题，一下子变得很清楚，“原来这些格调规矩竟是末事，只要词句新奇为上”。

课堂的第二步，是在学生领悟的基础上，深挖一锄头：“第一立意要紧。若意趣真了，连词句不用修饰，自是好的，这叫做‘不以词害意’。”

第三步，就是纠偏了，这可是古代贤师的品评标准之一。

子张，“鲁之鄙家”；颜涿聚，“梁父之大盗”；段干木，“晋国之大驵”；高何、县子石，“齐国之暴者”；索卢参，“东方之巨狡”。这些鄙俗小人、梁上君子、马匹交易员、凶恶残暴的人、偷鸡摸狗者，分别在孔丘老师、子夏老师、墨子老师和禽滑黎老师的谆谆教诲之下，最终成为品行端正、道德高尚的君子。

所以，纠偏是老师的本领。香菱说爱读陆放翁的“重帘不卷留香久，古砚微凹聚墨多”。林老师毫无商量地制止了香菱同学的这种喜好：“断不可看这样的诗……一入了这个格局，再也学不出来的。”纠偏，很彻底，很及时，也很有必要。为什么不能学，她的理由是“你们因不知诗，所以见了这浅近的就爱，一入了这个格局，再学不出来的”。国学大师钱穆先生在《我们如何读古诗》里说得更加透彻：“放翁这两句诗，对得很工整。其实则只是字面上的堆砌，而背后没有人。若说它完全没有人，也不尽然，到底该有个人在里面。这个人，在书房里烧了一炉香，帘子不挂起来，香就不出去了。他在那里写字，或作诗，有很好的砚台，磨了墨，还没用。则是此诗背后原是有一人，但这人却教什么人来当都可，因此人并不见有特殊的意境与特殊的情趣。无意境，无情趣，也只是一俗人。尽有人买一件古玩，烧一炉香，自己以为很高雅，其实还是俗。因为在这环境中，换进别一个人来，不见有什么不同，这就算做俗。高雅的人则不然，应有他一番特殊的情趣和意境。”林黛玉老师的鉴赏力是非凡的。

接下来，是第四步，开书单，提出读书的要求。

书单，往往能见出一个人读书水平的高低。现在有些人压根就没读过几本书，却厚着脸皮开书单。

林老师的诗歌书单，不仅有水平，关键还是自己读过的。

第一本是《王摩诘全集》，但不是全读，而是有针对性地读，只读“五言律一百首”。王维的诗歌成就主要在五言律诗方面。读书的要求则是“细心揣摩透熟了”，林老师还不忘叮嘱学生：“你只看有红圈的都是我选的。”

第二本是老杜的七言律。老杜的七言律诗，自言有“沉郁顿挫”之风格，是后世诗家极好的范本。但是，他的诗也不需要读多，一两百首就够。

第三个要读的是李白。只需要读他的七言绝句。同样，读一两百首就够。

读完这些，肚子里就有了底子。对林老师开的这个书单，钱穆先生有一番评论：“黛玉所举三人……恰巧代表了三种性格，也代表了三派学问。王摩诘是释，是禅宗；李是道，是老庄；杜是儒，是孔孟。《红楼梦》作者，或是抄袭王渔洋以摩诘为诗佛、太白为诗仙、杜甫为诗圣的说法，故特举此三人。”林老师又说：“然后再把陶渊明、应玚、谢、阮、庾、鲍等人的一看，你又是一个极聪敏伶俐的人，不用一年的工夫，不愁不是诗翁了！”看看林老师提到的这几位诗人，都是诗歌史上绕不开的人物。陶渊明，诗歌史上的男神，连千年才一出的苏轼都极其佩服他；应玚，建安七子之一；谢灵运，山水诗鼻祖，王维就受过他的影响；阮籍，他的咏怀诗虽然隐蔽曲折，却是满腔的抱负；庾信，连老杜都说“庾信平生最萧瑟，暮年诗赋动江关”；鲍照，他的七言诗极富创造性。这一书单开得极好，关键是对症下药。

最后，提出要求的同时，林老师又说：“你又是一个极聪敏伶俐的人，不用一年的工夫，不愁不是诗翁了。”表扬了学生的资质，同时告诉她学习时间有一年之多，以此给予学生深切的厚望。

公开课上完了，但时间很短。真正要看的是师生的课外交流，譬如读书指导、作业批改等。

林老师的读书指导也特别值得我们学习。她叫紫鹃把王维的五言律诗拿来，对香菱说：“你只看有红圈的都是我选的，有一首念一首。不明白的问你姑娘，或者遇见我，我讲与你就是了。”香菱也极好学，“只向灯下一首一首的读起来”。另外，书读完了，老师也很关切：“可领略了些滋味没有？”并且告诉香菱“正要讲究讨论，方能长进。”于是学生把自己的读书感悟说了一番。香菱对王维的“大漠孤烟直，长河落日圆”“日落江湖白，潮来天地青”和“渡头余落日，墟里上孤烟”很有感触，黛玉于是指出王维的“上孤烟”来源于陶渊明的“暧暧远人村，依依墟里烟”。

林老师批改作业的形式是面批。当然，主要是因为学生少。

香菱的第一首诗稿，林老师的评价是“意思却有，只是措词不雅”。原因呢？“皆因你看的诗少，被他束缚住了”，然后鼓励：“把这首丢开，再作一首，只管放开胆子去作。”

老师点了原因，说了鼓励，接下去就看学生自己了。好学的香菱交第二次作业的时候，林老师尽管有鼓励——“自然算是难为他了”，暗含了香菱同学的进步，但还是要求重作。而我们的学生，作文倘若要一而再再而三地改，估计要骂娘。好的学习状态是师生共同努力的结果。香菱改了第三首，交给老师和一群人，大家一看：“这首不但好，而且新巧有意趣。”

好，林老师的诗歌课到这里才算正式结束。一堂优秀的公开课所具备的元素她这里都有了。理论讲述、师生互动、书单开列、作业布置、课后面批、问题精选、鞭策鼓励，这个特级教师谁敢不服啊？

一堂失败的哲学课

如果说，《红楼梦》里的特级教师非林黛玉莫属，那么，要评学习积极分子，除了香菱，恐怕还得算上一个翠缕。

香菱是学习诗歌的积极分子，而翠缕是学习哲学的积极分子，她的老师是史湘云。

这堂哲学课，来得有点突然。地点是大观园内，通往怡红院的路上。起因是一个很简单的问题。翠缕问史老师：“这荷花怎么还不开?”这么简单的问题，史老师的回答也在意料之中：“时候没到。”但是，好学的翠缕并没有止步于这个简单的问题，而是又问了一个植物学的问题：“这也和咱们家池子里的一样，也是楼子花?”楼子花，是花蕊里又开出一层一层花瓣的荷花。史老师告诉翠缕，这花不如家里的。翠缕丰富的联想能力让她想到了石榴树，感叹石榴树“楼子上起楼子”，史老师感慨：“花草也是同人一样，气脉充足，长的就好。”

好，哲学课就从这里正式开始了。

史老师这话应该不难理解。但是，可爱呆痴的翠缕却提出了不同的观点，她驳斥老师说："我不信这话。"先是直接反对，然后来一招"偷换概念"："若说同人一样，我怎么不见头上又长出一个头来的人？"

史老师明明说的是花草与人需要气脉一样，可翠缕却偏偏停留在表面。看来她的理解能力不是特别好，虽然这不影响她做一名学习积极分子。

史老师被学生问懵了，不知道如何回答，只好说："我说你不用说话，你偏好说。这叫人怎么好答言？"这话听着真是太耳熟了。

做过学生的人，大概都不会陌生这样的话："我叫你不要说话，你偏说话。""我叫你回答这个，你偏扯那个。"于是，站着的学生只好怯生生坐下，再也不敢回答问题了。

史老师突然间发了一通议论："天地间都赋阴阳二气所生，或正或邪，或奇或怪，千变万化，都是阴阳顺逆多少。"

这一段话跟翠缕的问题有关系吗？至少，我没看出有多少直接的关系。

翠缕忘记了自己前面提的问题，被老师带着跑。但是，追问的精神依旧没有丢，她继续问："这么说起来，从古到今，开天辟地，都是些阴阳了？"

好吧，虽然是笑着说，但史老师好像真的没耐心了："糊涂东西，越说越放屁。什么'都是些阴阳'，难道有两个阴阳不成！'阴''阳'两个字还只是一个字。"这话，别怪翠缕不大懂，就是我们对话的时候恐怕也要"糊涂死"。史老师继续说：

“阳尽了就成阴，阴尽了就成阳，不是阴尽了又有个阳生出来，阳尽了又有个阴生出来。”

实话说，史老师这段话没有考虑学情，说得不够妥当。翠缕不懂，意料之中。翠缕于是干脆问史老师，别跟我扯犊子了，你直接告诉我阴阳长啥样吧！（“这阴阳是怎么个样儿？”）

史老师终于从理论走到实际例子了：“比如天是阳，地就是阴；水是阴，火就是阳；日是阳，月就是阴。”

老师讲对了，学生就容易懂。翠缕终于笑着说：“是了，是了，我今儿可明白了。”不仅如此，还联系自己生活中的所知：太阳和月亮。

好问的翠缕，一直追问下去：“太阳太阴，那虫子、花草、砖瓦都有阴阳吗？扇子、麒麟也有阴阳吗？”

答案是不言而喻的。

翠缕提了一个本节课最重要的问题：“这也罢了，怎么东西都有阴阳，咱们人倒没有阴阳呢？”

假如遮住史老师的答案，我们指定都能回答这个问题：人也是有阴阳的。男人为阳，女人为阴。然而，史老师的回答是：“下流东西，好生走罢。越问越问出好的来了！”顺便，还照脸啐了一口。

我很奇怪，为什么翠缕问到这里，史老师就不高兴了呢？

我想了很久，发现了一种可能：如果史老师按照我们的思路回答，也许，懵懂的翠缕会说出一句令史老师无法接受的话，这句话可能是：怪道男人有阳具，女人有阴户呢。

这句话在翠缕那里，就是一派天真烂漫与单纯无知；要是放在史老师面前，我想到了小岳岳的一句台词，“我的天啊，太尴尬了”。那会污了史老师的耳朵的。

但是史老师聪慧地制止了这种尴尬，并且聪慧地把翠缕引向了“主子为阳，奴才为阴”的道路上。史老师笑道：“你很懂得。”

于是，当史老师对宝玉说出“也该常常的会会这些为官做宰的人们，谈谈讲讲些仕途经济的学问，也好将来应酬世务，日后也有个朋友”时，我们一点也不觉得奇怪。我差点就要“代表亚洲人民”说一句，这是史老师说得最让人生气的话了。难怪宝玉回答她：“姑娘请别的姊妹屋里坐坐，我这里仔细污了你知经济学问的。”解气。

回到哲学课上来。有一个问题：史老师为什么会失败呢?

看资质，翠缕和香菱差不多；看师资，史湘云老师和林黛玉老师也差不多。但是，林老师可以凭借那一节课，荣升特级，而史老师的这堂课却失败了，并且，失败得很彻底。

我觉得其中一个重要的原因是史老师给自己设置了一个禁忌。

这比什么都可怕。如果只是上级领导不让你讲，规章制度不让你讲，你心里还有数。但是，自己给自己画个圈，并且画得非常无意识，这实际上就是一种自我阉割。

被迫阉割，情有可原。自我阉割，天理难容!

我至今记得上初二那年，生物课上同学们红着脸凑在一起讨论精子、卵子、初潮之类的词语，并且很好奇老师会怎么上这样的课?

老师来了，说了一句我很多年后还记得的话：科学的知识，用科学的态度对待。

然后，我们期待着他用科学的态度讲解。千等万盼，终于，他说："这一节不是重点，自己看看就行了。"

我打心眼里鄙视他。他也给自己画了一个圈，不敢去讲。

但凡给学术设置门槛，或者自我禁忌的，学术就不可能发扬光大。课堂讲述也一样，有所禁忌，在某种程度上会导致课堂教学的失败。

专家的美术课

大观园里的孩子们，语文大多学得不错。但是，精通美术的真不多。

惜春能画。贾母把画大观园这么重要的“政治工程”交给惜春，可见她的功底十分了得。

宝玉略通。在冯紫英家，薛蟠谈起春宫图来头头是道，但他把春宫图的作者唐寅说成“庚黄”，令人喷饭。宝玉在心里猜疑：“古今字画也都见过些……”（第二十六回）见过今人画当然没什么了不起，但是在没有印刷品的时代里，见过不少古人画，那就十分难得了。秦可卿的房间里挂着唐伯虎的《海棠春睡图》，贾母的屋里挂着仇英的《艳雪图》，宝玉没吹牛。

但要说到精通，恐怕非薛宝钗莫属。薛老师算得上是理论与实践“双能手”了。

闲话少说，我们一起来看看薛老师的美术课。

社长李纨老师要起诗社，惜春请假，要请多久，却决定不下来。惜春要一年，李社长只给一个月。学神黛玉也只能在旁边打趣。最后谁决定的？宝钗。时间：半年。

这个时间不是薛老师乱说的，她有她的理由。

惜春能画，不过是画写意。但是，画大观园可不是画写意，而是界画。

什么是界画？就是用界尺作线，精致地画出宫室楼台。这样的画，比工笔画还精致。

再来看薛老师给出的请假理由："如今画这园子，非离了肚子里头有几幅丘壑的才能成画。这园子却是像画儿一般，山石树木，楼阁房屋，远近疏密，也不多，也不少，恰恰的是这样。你只照样儿往纸上一画，是必不能讨好的。这要看纸的地步远近，该多该少，分主分宾，该添的要添，该减的要减，该藏的要藏，该露的要露。这一起了稿子，再端详斟酌，方成一幅图样。第二件，这些楼台房舍，是必要用界划的。一点不留神，栏杆也歪了，柱子也塌了，门窗也倒竖过来，阶矶也离了缝，甚至于桌子挤到墙里去，花盆放在帘子上来，岂不倒成了一张笑'话'儿了。第三，要插人物，也要有疏密，有高低。衣折裙带，手指足步，最是要紧；一笔不细，不是肿了手就是瘸了腿，染脸撕发倒是小事。依我看来竟难的很。如今一年的假也太多，一月的假也太少，竟给他半年的假，再派了宝兄弟帮着他。"

这段话，句句出自行家。"非离了肚子里头有几幅丘壑的才能成画"——胸中有丘壑，当然不算是冷僻的典故。唐人厉霆《大有诗堂》中那句"胸中元自有丘壑，盏里何妨对圣贤"，想必薛老师是知道的。以此句论画，则最早见于赫赫有名的《宣和画谱》，抄一段吧："高克明，绛州人，端愿谦厚，不事矜持。喜游佳山水间，搜奇论古，穷幽探绝，终日忘归。心期得处即归，燕坐静室，沉屏思虑，几与造化者游。于是落笔则胸中丘壑尽在目前。"薛老师若读过这一段，只能说明她的阅读量惊人，并且悟性了得。

另外，差不多和薛老师同时代的一位金陵画家也有过类似说法："一曰笔，二曰墨，三曰丘壑，四曰气韵。"这位画家便是龚贤。苦瓜和尚石涛的名言，"搜尽奇峰打草稿"，其实也是说胸中要有丘壑。

薛老师的打头一句就响当当。

接下来，远近、多少、主宾、添减、藏露、疏密、高低，侃侃而谈，句句在理。我自己就是学国画出身的，但我这个半吊子学徒面对薛老师却是心服口服。

当然，说两句理论未必就能画。薛老师不仅精通理论，对绘画工具也了如指掌，连学霸宝玉都自叹不如。

宝玉说要用雪浪纸。薛老师直接就冷笑道："我说你不中用！那雪浪纸写字画写意画儿，或是会山水的画南宗山水，托墨，禁得皴染。拿了画这个，又不托色，画也不好，纸也可惜。"

倘若薛老师没画过，如何能知道这些？"南宗山水"固然是熟知的专业术语，但"托墨""皴染""托色"等专业术语，非行家不能道也！

说到画具，即便能画的惜春也只有区区四样颜色，两支着色笔而已。薛老师则说："这些东西我却还有。"不画画的，恐怕不会无聊到收藏画具吧？

接下来，薛老师要给学生开单子、买画具了。“今儿替你开个单子，照着单子和老太太要去。你们也未必知道的全，我说着，宝兄弟写。”

“你们也未必知道的全”，这是什么样的口吻啊！“我说着，宝兄弟写。”恍然让我想起章太炎老师授课时的场面：除了端茶倒水的，后面还有板书的学生。

薛老师给学生开出的这个画具单子，笔墨纸砚、颜料自不必说，但是，“淘澄飞跌”的作画步骤，以及“再要顶细绢箩四个，粗绢箩四个，担笔四支，大小乳钵四个，大粗碗二十个，五寸粗碟十个，三寸粗白碟二十个，风炉两个，沙锅大小四个，新瓷罐二口，新水桶四只，一尺长白布口袋四条，桴炭二十斤，柳木炭一斤，三屉木箱一个，实地纱一丈，生姜二两，酱半斤”，就不得不令人惊叹了。

连黛玉都要打趣“铁锅一口，锅铲一个”。但是，薛老师直接告诉林同学：“你那里知道。那粗色碟子保不住不上火烤，不拿姜汁子和酱预先抹在底子上烤过了，一经了火是要炸的。”

这节美术课中，薛老师还告知了学生绘画的安全隐患：“藤黄有毒。”

除此之外，她对色彩也颇有研究。第三十五回下半回“黄金莺巧结梅花络”中，宝玉对薛老师给出打络子的建议，却不知道用什么颜色，薛老师就连同颜色建议也给了，说：“若用杂色断然使不得，大红又犯了色，黄的又不起眼，黑的又过暗。等我想个法儿：把那金线拿来，配着黑珠儿线，一根一根的拈上，打成络子，这才好看。”这让我想起萧红的《回忆鲁迅先生》中一大段鲁迅先生评论萧红穿着的文字："你的裙子配的颜色不好，并不是红上衣不好看，各种颜色都是好看的，红上衣要配红裙子，不然就是黑裙子，咖啡色的就不行了。这两种颜色放在一起很浑浊……""你这裙子是咖啡色的，还带格子，颜色混浊得很，所以把红色衣裳也弄得不漂亮了。"鲁迅先生的美术眼光和功底是世所公认的。看他的封面设计、书法、收藏的画作以及对版画的挚爱和对艺术青年的培养就可知。他对萧红穿着的评论，萧红如同我辈一样心存疑惑，许广平先生所给出的回答是："看过书的，关于美学的。"许先生的回答，淡定从容，字里行间透露出一种自然而然。如果你对宝钗的颜色美学也心存疑惑，我个人觉得，你完全可以套用许广平先生的这个回答。

总之，薛老师左手理论，右手实践，她唯一的缺憾就是没有给学生做示范。但是我相信，只要她下手，一定功夫不凡。

好课是用一生时间备出来的

除了美术课之外，薛宝钗老师还上过戏曲文学赏析课。

上课时间：二月二十一日

上课地点：大观园

课题：《寄生草》赏析

授课老师：薛宝钗

职称：特级（我个人封的）

学生：大观园贾府“三春”、史湘云、贾宝玉、王熙凤等

可以保证，这堂公开课绝对没有任何磨课的机会，上课机缘纯粹出于无意。起因是这样的：薛老师二月二十一日这一天要过十五岁生日，于是贾母出资，要求王熙凤置办酒席。一来显得老人家对孩子关心，二来嘛，老人家自己也想乐乐。为此，定了一班新出小戏，昆弋两腔皆有，也没有外人。除了薛姨妈、史湘云、薛宝钗算是客，其他都是自己人。

因为是给薛老师过生日，所以贾母就指定点戏由薛老师开

始。她先点的是《西游记》，考虑到老太太喜欢热闹，就尽点热闹戏。后来王熙凤也点了《刘二当衣》，之后孩子们陆续点。等酒席上来的时候，薛老师又点，这回她点的是《鲁智深醉闹五台山》。

课，在这个时候算正式开始了。

第一个举手提出反对意见的是贾宝玉同学，他对薛老师老是点热闹戏表示反感。他说："只好点这些戏。"这话的意思是你前面都点过《西游记》了，又点《鲁智深醉闹五台山》，能不能点一点《游园惊梦》《长亭送别》之类的爱情戏？这大概是宝玉同学的内心想法，毕竟他偷读过这些书，心里发痒。

可问题是，宝玉同学看过《鲁智深醉闹五台山》这出戏吗？

两种情况。第一，他压根就没看过。第二，他可能看过，但是看得不认真，忘记了。后一种的可能性比较大。为什么这么说呢？薛老师和宝玉同学，他们都是听戏知戏的，都有戏曲启蒙老师，宝玉的老师要比薛老师的老师高明，是谁呢？当然是这一次置办酒席的贾母了。贾母爱戏、懂戏，并且有自己的见解，在戏曲鉴赏方面品位极高。宝玉呢，自小在贾母身边长大，贾母爱听热闹戏，很显然老太太不是第一次听《鲁智深醉闹五台山》，所以，宝玉同学也很可能听过这出戏。不过，也许他不喜欢，所以没放在心上，或者不记得了。

那么，薛老师的戏曲启蒙老师又是谁呢？当然是薛姨妈。薛姨妈自诩也是听过几百班戏的人，也算是在戏曲里浸泡着长大的，但是和贾母的戏曲品位比起来，根本不在一个档次。所以面对贾母听昆曲只用箫管就觉得不可思议。一个高品位的老师带出来的学生竟然比不上一个品位一般的老师带出来的学生，这事值得玩味。

面对宝玉同学的质疑，薛老师当场就说："你白听了这几年的戏"——这是赤裸裸的批评，说宝玉同学不长进，或者说他没有及时复习所听的戏。她接着说："那里知道这出戏的好处，排场又好，辞藻更妙。"所谓排场，宝玉同学当然是知道的，只是我们现在还需要解释一下，它不是指铺张的场面，而是指戏场舞台。

可是宝玉同学还是不服气。即便是排场好、辞藻妙，那又如何？还不是热闹戏吗？所以，他接着说："我从来怕这些热闹戏。"

薛老师怎么接招的？

"要说这一出热闹，你还算不知戏呢。你过来，我告诉你，这一出戏热闹不热闹？是一套北《点绛唇》，铿锵顿挫，韵律不用说是好的了；只那辞藻中有一支《寄生草》，填的极妙。"

薛老师接得很妙。你说热闹就热闹了？只不过是铿锵顿挫、韵律好、辞藻精妙罢了。薛老师的评价是相当准确的。另外，这话可不是说给宝玉同学一人听的，是说给全部人听的：你们以为我就会点热闹戏讨好贾母吗？我这回点的可不是什么热闹戏。

这个时候，宝玉基本上就懵了，只好"凑近来央告"："好姐姐，念与我听听。"真是该罚他抄写《寄生草》10遍，居然不叫"老师"。

薛老师也不客气，一口气背出来了：

漫揾英雄泪，相离处士家。谢慈悲，剃度在莲台下。没缘法，转眼分离乍。赤条条，来去无牵挂。那里讨，烟蓑雨笠卷单行？一任俺，芒鞋破钵随缘化！

真是一个好老师。可要知道，她的手里并没有书。我们经常会遇到这样一种情况，那就是每当我们想给人介绍一部电影或者一本书时，我们只会口若悬河：好啊好啊真好啊，特别的好。可人一问：好在哪里？我们顿时一片迷茫，十分尴尬。薛老师这一堂课，最值得我们学习的地方就是她有货。

宝玉同学听完之后是什么感觉？他“喜的拍膝画圈，称赏不已，又赞宝钗无书不知”。让一个也算是博览群书的人称赏“无书不知”，这可是一件难事啊。

其实，任何一节优秀课堂的背后都是长时间的思考与积淀。记得苏霍姆林斯基在《给教师的建议》第二篇中，提到过一位历史教师，这位教师有30年教龄，他上了一节公开课，课题是“苏联青年的道德理想”，区培训班的学员、教育局的视导员都来听课。课上得非常出色，出色到什么地步呢？听课的教师和视导员本来打算在听课过程中做点记录，以便课后交流，可是他们听得入了迷，屏心静气，完全被课吸引住了，就仿佛自己变成了学生一样，以至于忘了做记录。课后，邻校的一位教师对这位历史教师说：“是的，您把自己的全部心血都倾注给自己的学生了。您的每一句话都具有极大的感染力。不过，我想请教您：您花了多少时间来备这节课？不止一个小时吧？”那位历史教师说：“对这节课，我准备了一辈子。而且，总的来说，对每一节课我都是用终生的时间来备课的。不过，对这个课题的直接准备或者说现场准备，只用了大约15分钟。”这个案例对我的教师生涯影响很大。是的，优秀的老师从来不抱怨没有空闲时间。他们中间的每个人，谈到自己的每一节课，都会说是终生都在备这节课的。

的确如此。薛老师的课也是积淀了很久。第四十二回，薛老师在“审”完黛玉在“三宣牙牌令”上不小心说出的“良辰美景奈何天”时，说：“我们家也算个读书人家，祖父手里也爱藏书。先时人口多，姊妹弟兄都在一处，都怕看正经书。弟兄们也有爱诗的，也有爱词的，诸如这些‘西厢’‘琵琶’以及‘元人百种’，无所不有。他们是偷背着我们看，我们却也偷背着他们看。后来大人知道了，打的打，骂的骂，烧的烧，才丢开了。”她后面说的话，根本就不值得信。她是经史子集、诗词歌赋甚至医药都懂的人，这些学问不就是她靠读书积累起来的吗？

但是，她上过的两堂课，一堂美术课，一堂戏曲文学课，似乎一分钟备课的时间都没有。原因很简单，她平素一直在备课。所以，所谓的好课取决于你日常积累的文化底蕴，至于备课时间反倒不是最重要的。

教授级教师的公开课

如果说林黛玉是《红楼梦》中的语文特级教师，那么我认为贾母就是教授，至少是教授级的中学教师。我一直不掩饰对这位老太太的喜欢，在我写作的《贾母的女儿读书观》一文里，就正大光明地“表白”过我对她的崇敬之情。那篇文章谈的是老太太的读书观，今天要谈的则是她的几节有名的课。

第一节，戏曲赏析课。

《红楼梦》中，懂戏的人实在是太多了，在行家面前讲公开课意味着自己必须是专家。林黛玉、薛宝钗这样的读书人，对戏曲也是非常精通的。在这点上，宝钗更胜于黛玉。就在薛宝钗的生日宴会上，宝钗应贾母的要求点戏，所点之戏都是热闹戏，其中有一出《鲁智深醉闹五台山》，宝钗直接将这一支词背了出来，一气呵成，可见是烂熟于心。林黛玉也懂戏，先天的敏感和文学细胞让她对文学尤其是爱情文学有着非凡的领悟力，所以看《西厢记》时“自觉辞藻惊人，余香满口”，听《牡丹亭》时则有

"原来戏上也有好文章"的感慨，听到"如花美眷，似水流年"时，更是心动神摇，如痴如醉。

可是因为家庭原因，黛玉在藏书的宽泛面上无法与宝钗相比。宝钗自己说"'西厢''琵琶''元人百种'，无所不有"。再加上其母亲薛姨妈也是顶级戏迷，直言"戏也看过几百班"，这对宝钗的影响是不言而喻的。所以，在戏曲方面，黛玉不如宝钗。黛玉在《金鸳鸯三宣牙牌令》上不小心露出的"良辰美景奈何天"一句，当时就被宝钗发现了，宝钗后来还半开玩笑地要黛玉跪下，审她。可见宝钗的戏曲功夫着实深厚。

但是，这两位学神在戏曲方面的鉴赏力和老太太贾母比起来，则又是小巫见大巫了。

老太太爱戏，发自骨子里的爱。老太太也懂戏，是非常的懂，不是一般的懂。老太太还会鉴赏，鉴赏起来特有水平，不是泛泛而论。

老太太爱戏的表现在书中到处都是。她总是找机会看戏，有人过生日看戏，过元宵节也看戏。元妃省亲，更是为此请了一个戏班。"贾蔷又近前回说：'下姑苏聘请教习，采买女孩子，置办乐器行头等事，大爷派了侄儿，带领着来管家两个儿子，还有单聘仁、卜固修两个清客相公，一同前往，所以命我来见叔叔。'"其他的诸如有人过生日，就要请戏班，热热闹闹，不亦乐乎。更重要的是，贾母因为阅历的关系，家里很早就有了家班。"贾母……指着湘云道'我像他这么大的时候儿，他爷爷有一班小戏'。"历史上的真实情况是，李煦家里确实有家班，这在《李煦奏折》中就可以见到，他还培养了女戏班献给皇上。他家里长年养着优伶曲师，儿子李鼎更是迷恋昆曲，不仅亲自参加家班的演出，还花巨资添置服装、行头。顾公燮在其《顾丹五笔记》中说："织造李煦莅苏三十余年……公子性奢华，好串戏，延名师以教习梨园，演《长生殿》传奇，衣装费至数万。"这自然是贾母爱戏的重要原因。

当然，有戏班的贵族家庭很多，而贾母清雅脱俗的戏曲品味却不是一般人所具有的。所以，她的第一堂公开课就是戏曲赏析课。听八出《八义》，听得头疼，要"清淡些好"，于是，"叫芳官唱一出《寻梦》，只提琴与管箫合，笙笛一概不用""叫葵官唱一出《惠明下书》，也不用抹脸"。就连看过几百班戏的薛姨妈也"从没见用箫管的"。笔者我也算得上是个昆曲迷，深知昆曲只用箫管伴奏的好，只是"悠然心会，妙处难与君说"。

第二节课，音乐赏析课。

课题是凸碧堂品笛，与赏戏有异曲同工之妙。"桂花树下，呜呜咽咽，悠悠扬扬，趁着这清风明月，天空地静，真令人烦心顿解，万虑齐除，都肃然危坐，默默相赏。"如此好的笛声，大家伙一致认为"实在可听"，且不说当时现场听到笛声的人们，就是现在读到文字的我们也是浮想联翩。可是审美大师贾母还是觉得"这还不大好。须得拣那些曲谱越慢的吹来越好"。吹笛子的人得到了贾母的这一指点，很快领悟过来。"只听桂花阴里，呜呜咽咽，袅袅悠悠，又发出一缕笛音来，果真比先越发凄凉。"依旧是"呜呜咽咽"，但由原来的"悠悠扬扬"变成了"袅袅悠悠"，虽然只是两个字的变换，但是境界可大不一样。听到最后，贾母"不禁堕下泪来"，其他人呢？"众人都不禁有寂寞凄凉之意”。老太太很清楚，什么样的环境里该听什么样的音乐。

贾母最重要的一课是一堂评论课。

这是被曹翁放在第五十四回《史太君破陈腐旧套》中描写的书评课。贾母有一段话，简直可以选入郭绍虞先生的《中国历代文论选》。我们且看看：“这些书都是一个套子，左不过是些佳人才子，最没趣儿。把人家女儿说的那样坏，还说是佳人，编的连影儿也没有了。开口都是书香门第，父亲不是尚书就是宰相，生一个小姐必是爱如珍宝。这小姐必是通文知礼，无所不晓，竟是个绝代佳人来……父母也忘了，书礼也忘了，鬼不成鬼，贼不成贼，那一点儿是佳人？便是满腹文章，做出这些事来，也算不得是佳人了。比如男人满腹文章去做贼，难道那王法就说他是才子就不入贼情一案不成？可知那编书的是自己塞了自己的嘴。再者，既说是世宦书香大家小姐都知礼读书，连夫人都知书识礼，便是告老还家，自然这样大家人口不少，奶母丫鬟服侍小姐的人也不少，怎么这些书上，凡有这样的事，就只小姐和紧跟的一个丫鬟？你们白想想，那些人都是管什么的，可是前言不答后语？”

“众人听了，都笑说：‘老太太这一说，是谎都批出来了。’贾母笑道：‘这有个原故：编这样书的，有一等妒人家富贵，或有求不遂心，所以编出来污秽人家。再一等，他自己看了这些书看魔了，他也想一个佳人，所以编了出来取乐。何尝他知道那世宦读书家的道理！别说他那书上那些世宦书礼大家，如今眼下真的，拿我们这中等人家说起，也没有这样的事，别说是那些大家子。可知是谄掉了下巴的话。所以我们从不许说这些书，丫头们也不懂这些话。这几年我老了，他们姊妹们住的远，我偶然闷了，说几句听听，他们一来，就忙歇了。’”

难以割爱，只好照搬。此处应该有掌声。这样的创见在当时实在是难得。

然而问题来了，这么好的老师是怎么诞生的呢？

有一点，我们不得不承认，好老师是需要一点天赋的，而天赋往往又是最难说的东西。贾母的家学渊源自不必待言。上文已经提到过了，她兴趣广泛，听评书、听昆曲、听音乐，除此之外，爱美食、爱猜谜、爱听笑话、爱精美服饰，正是这些爱好，让她有了第三点值得我们学习的地方：始终和学生打成一片。

宝玉同学最讨厌那些结了婚的女人，骂她们是死鱼眼睛，贾府上下最年长的这位女人，不仅不是死鱼眼睛，还活成了珍珠，最重要的一点，她常常混在少女堆里，是最年长的一位“少女”，除了她们的作诗活动不参加外，其余的诸如生日派对、露天烧烤、品茶喝酒、猜谜听戏，样样都不落下。她深知学生的喜怒哀乐就是她的喜怒哀乐，学生的爱好就是她的爱好，她愣是把自己的退休生活过得有滋有味，精彩纷呈。

和学生打成一片，表明自己愿意向学生学习新的东西。自己不懂的，老老实实承认，这样，不仅能把课上得精彩，还能赢得学生的喜欢和尊重。

一堂成功的心理课

林黛玉是一个有心理问题的学生，这一点应该没有人反对。她敏感尖刻、心胸狭隘，事实上，我觉得她内心的问题还不止这些。她在内心确立了和贾宝玉的恋爱关系之后，知道宝玉与自己心心相印，可是在一个三妻四妾的时代里，她无父无母无兄弟，且身边还有一个戴金锁的时常口称“金玉良缘”的宝钗，她的爱情生活因此缺乏安全感，内心的烦闷也就显而易见。令人欣慰的是，她有一个心理老师，给她上过一堂极好的课。

正如我们前面所说，黛玉最大的心理问题和宝玉直接相关。所以，这位治疗师就从宝玉着手来治疗黛玉的心理疾病。既然黛玉关心的是宝玉对自己的想法，那么就不妨要宝玉自己把话说出来。

这位心理老师叫紫鹃。

紫鹃采取的是一种言语上的心理测试，说得极其自然、极其委婉。后面她解释说，自己说的是“顽话”，实则是有准备的言语。先是宝玉关心她，她直接拒绝了宝玉的关心："从此咱们只可说话，别动手动脚的。一年大二年小的，叫人看着不尊重……"说了一大堆的话，有一句特别令宝玉伤感："姑娘常常吩咐我们，不叫和你说笑。你近来瞧他远着你还恐远不及呢。"从这时起，紫鹃开始了她正式的心理测试。果然，第一次相当成功。宝玉"心中忽浇了一盆冷水一般，只瞅着竹子，发了一回呆"，后来又"随便坐在一块山石上出神"，雪雁发现宝玉的状态后告诉了紫鹃，于是，紫鹃开始了第二回测试。

第二回的测试比第一回来得更加厉害，并且更加自然。紫鹃先是挨着宝玉坐着，与他闲话家常，说起吃燕窝的事情。此时紫鹃貌似无意其实非常有意地来了一句："在这里吃惯了，明年家去，那里有闲钱吃这个。"

接得天衣无缝。

果然，宝玉很快就中了她的招。不仅如此，紫鹃还向宝玉宣布："将从前小时顽的东西，有他送你的，叫你都打点出来还他。他也将你送他的打叠了在那里呢。"宝玉内心的想法完全袒露在紫鹃面前，只是令紫鹃没有想到的是宝玉后来的发展脱离了她的掌控。

可是当紫鹃转向黛玉时，却是："悄向黛玉笑道：'宝玉的心倒实，听见咱们去就那样起来。'"她对自己的心理测试结果应该说是非常满意的。可是她所做的这一切是为了黛玉，而不是为了宝玉。

于是，她向黛玉说话的时候，更加展现了高超的说话艺术。

她自言自语地说道："一动不如一静。我们这里就算好人家，别的都容易，最难得的是从小儿一处长大，脾气性情都彼此知道的了。”这时候，就把黛玉的心里话说出来了。

可是，黛玉是什么样的人啊，她怎么可能会承认呢?

黛玉的心理创伤其实是非常严重的。六岁的时候，失去了母亲，八九岁的时候，寄养到了外祖母家。这样一个处于成长期的儿童（我们读《红楼梦》的时候，常常忘记了黛玉是一个孩子，而把她当成了一个十七八岁的大姑娘），心智尚未发育成熟，对情绪、情感、人际关系、逻辑思维等方面的辨别和表达能力还很欠缺，此时又遭受了心理创伤，从而变得愈加敏感。在外祖母家，黛玉虽然没有受到虐待，可在她看来，“一年三百六十日，风刀霜剑严相逼”。实事求是地说，黛玉在贾府即便有时被忽略，也不至于“风刀霜剑严相逼”，她太早熟、太早慧了，对这个世界的感知能力太强了。在她眼里，偶尔的被忽视便是一种精神上的虐待。阿德勒在《自卑与超越》一书中说，被忽视的儿童“从不知爱与合作为何物，他们建构了一种没有把这些友善力量考虑在内的生活解释。当他面临生活中的问题时，他总会高估其中的困难，而低估自己应付问题的能力和旁人的帮助及善意。他曾经发现社会对他很冷漠，从此他就误以为社会永远是冷漠的。他不知道他能用对别人有利的行为来赢取感情和尊敬，因此他不但怀疑别人，也不能信任自己”。这简直就是对林黛玉的诊断结论。

有一句话说得好，很多人是用童年治愈一生的，而还有一些人是用一生来治愈童年的。黛玉自幼失去母爱，“母亲的第一件工作就是让她的孩子感受到她是位值得信赖的人物，然后她必须把这种信任感扩大，直至它涵盖儿童环境中全部之物为止”。黛玉短暂的一生都在治愈她在童年时因为母爱的缺失和被人忽视所带来的创伤。

这样的创伤会影响她的性格形成。在心理学上有一个名词叫作“复杂的发展性创伤”。黛玉对所有人甚至包括紫鹃在内，都有着极强的情感隔离，她把自己的情感和理智分得很开。黛玉特别善于察言观色，从进贾府的那一刻开始，她的这一特点就展露得淋漓尽致，她怎么可能看不出紫鹃想说什么呢？

于是，黛玉啐道：“你这几天还不乏，趁这会子不歇一歇，还嚼什么蛆。”

她的内心里已经启动了防御机制：化被动为主动。

可以说给黛玉这样的患者进行心理治疗或者上心理课，是比较艰难的，要有慈悲为怀的菩萨心肠，要有锲而不舍的精神，也要有和风细雨的绵柔。黛玉说出来的话其实很严重。用我们现在的话说，“嚼什么蛆”，这都近乎爆粗了。但是，紫鹃并没有半点恼怒，她还是“笑”着说。因为紫鹃与其他人不一样，她和黛玉之间有着安全且相互信任的关系（如果是治疗的话，那就是医患关系；如果是心理课的话，那就是师生关系）。有很多心理学老师或者心理治疗师常常忘记这一点，所以一开口就给人这样的感觉：“你有问题，我是来给你解决问题的”或者“你有病，我是给你治病的”，那口吻，高高在上，不可一世，自然也就被拒之千里了。

而紫鹃接黛玉的“嚼蛆”的话竟然是：“我倒是一片真心为姑娘。替你愁了这几年了，无父母无兄弟，谁是知疼着热的人？”这些话句句说到了黛玉的心坎上。所以，黛玉听到这些话才有了“口内虽如此说，心内未尝不伤感。待他睡了，便直泣了一夜”这么大的反应。

可惜的是，这样的聊天在黛玉的生命里并不多见。正因如此，我更愿意把紫鹃的这次聊天当作一堂成功的心理课，而不是一次治疗。治疗需要的往往是更长久的安排，紫鹃自然没有这样的能力，黛玉也没有这样的幸运。最后，这一对主仆的归宿令人扼腕。我喜深夜读《红楼梦》，但凡读到二人归宿，天地寂静，万物一体，不禁潸然！

大观园里的性教育

宝玉的性启蒙源于一个梦。

宁国府花园内梅花盛开，贾珍的妻子尤氏治酒，请贾母、邢夫人、王夫人等赏花，宝玉也在被邀之列。谁曾想，宝玉大白天犯困，“一时倦怠”，想要睡觉，进了秦可卿的房间。

这间房子的主人，还有这间房间，都非同凡响。

先说主人。第五回，原文清清楚楚写道：“贾母素知秦氏是个极妥当的人，生的袅娜纤巧，行事又温柔和平，乃重孙媳中第一个得意之人。”她在贾母眼中的地位非同凡响，她的长相也非同凡响。

再说她的房间。墙上悬挂着的是唐伯虎的《海棠春睡图》。

“案上设着武则天当日镜室中设的宝镜，一边摆着飞燕立着舞过的金盘，盘内盛着安禄山掷过伤了太真乳的木瓜。上面设着寿昌公主于含章殿下卧的榻，悬的是同昌公主制的联珠帐。”还有，“西子浣过的纱衾，移了红娘抱过的鸳枕”。这些都是视觉上的。嗅觉上的："刚至房门，便有一股细细的甜香袭人而来，宝玉觉得眼饧骨软。"此香的催情效果十分显现。霭理士在其《性心理学》中说道："嗅觉的接受暗示的力量是最强的，它唤起遥远的记忆而加以浓厚的情绪的渲染的力量也是最丰富的。它所供给的印象是最容易改变情绪的力度和格调的，使和受刺激的人当时的一般的态度相呼应。"嗅觉虽然排在视觉之后，但是对此刻的宝玉而言，自然同等重要。只是不知道曹翁笔下的这种甜香味是香水树萃取的还是檀香木萃取的？

一切，都已暗含了性的因素。

外部环境已经营造好了。弗洛伊德说，梦的来源一般有四种，第一种就是外部的感觉刺激。宝玉这个梦已经具备了外部感觉刺激的各种特征。当然，最重要的是，宝玉已经长大了，即便"纯粹的精神来源的兴奋"也是有的。

宝玉就等着性教育老师登场了。

第一位老师应该是警幻仙姑。宝玉在房间入睡的时候，仙姑带领他前往梦中仙界，让他阅览金陵十二钗的命运簿册，聆听《红楼梦曲》十四支，并将自己的妹妹秦可卿"许配"给他。之后，又将宝玉送往香闺绣阁，再加以一番教育。"秘授以云雨之事，推宝玉入房，将门掩上自去。""那宝玉恍恍惚惚，依警幻所嘱之言，未免有儿女之事，难以尽述。"到第二天，"柔情缱绻，软语温存，与可卿难解难分"。

确切地说，宝玉的第一位性启蒙老师包括两个人：警幻仙姑和秦可卿。

第二位则是袭人。

就在梦醒之后，宝玉梦遗，被伺候他的袭人发现了。宝玉还把自己梦中的情景“细说与袭人听”，貌似他成了袭人的性教育老师。其实并非如此。宝玉说警幻仙姑授“云雨之事”前，袭人就已明白宝玉是在梦遗了。“袭人本是个聪明的女子，年纪本又比宝玉大两岁，近来也渐通人事，今见宝玉如此光景心中便觉察一半了。”聪明与年纪大，未必就懂，倒是“渐通人事”这四个字才是最关键的。

不过，我想追问一句：袭人是怎么渐通人事的？

这个问题，搞清楚了，也就基本了解了大观园里的性教育是怎么回事。

袭人应该很早就来到了贾府，因为她在贾母身边待过。在和宝玉初试云雨情的时候，她和宝玉的年纪都不大。周绍良先生在《〈红楼梦〉系年》一文中谈到此时宝玉应该是8岁，袭人不是此时说的“大宝玉两岁”。从第六十五回中得知，袭人、香菱、晴雯、宝钗同庚，第二十二回推断出宝钗的年龄，可以得知袭人此时应该是11岁。一个11岁的姑娘，哪里就“渐通人事”了呢？

其实，“渐通人事”是可以有的，因为不管是小说中的大观园还是现实中的大世界，性教育一直都存在。

贾母有一个新挑选来做粗活的丫头叫傻大姐，只有十四五岁。在大观园的山石背后，“得了一个五彩绣香囊，其华丽精致，固是可爱，但上面绣的并非花鸟等物，一面却是两个人赤条条的盘踞相抱，一面是几个字。”傻大姐错认是“两个妖精打架”（第七十三回），其实是“十锦春意香袋”，说白了，是一幅春宫画。

这可以说是一种性教育的教材吧！

但是，傻大姐捡到这个香袋，可不像捡到一本语文教材或者数学教材那样简单。当邢夫人转交给王夫人的时候，王夫人找凤姐来质问。这个香袋是王熙凤的吗？当然不是。王熙凤有这个香袋吗？一定有。凤姐自己也说："我也不敢辨我并无这样的东西。"也就是说，凤姐是有的，这可是她性教育的教材呢。

凤姐还有一句话至关重要，她提到了园子里的丫鬟侍妾："他们更该有这个！""更该有"三字，岂不是说明"香袋"性教材通行于主子和侍妾、丫鬟之间？

事实上，这个香袋就是迎春的丫头司棋的。在第七十一回里，司棋与姑舅兄弟潘又安私会，被鸳鸯撞见了。

这一切都只是古代性教育的一个侧面而已。

其实，古代性教育最重要的时间节点是在婚前。春宫图暗送给女儿，并称之为"嫁妆画"，最早记于汉代。沈德符《万历野获编》中记载"春画"："当始于汉广川王，画男女交接状于屋，召诸父姊妹饮，令仰视画。"还有一种就是"压箱底"。嫁妆画和压箱底，都是春宫画，供新婚夫妇"照猫画虎"用。

其实，我们的祖先在性教育问题上不像我们想象的那样闭塞。参照《内经》写就的《素女经》不就是典型的性教育著作吗？这还是在秦汉时期。汉墓出土的《养生方》也是一部性学专著。建初四年，也就是公元79年，皇帝亲自主持一次全国规模的经学学术会议，会议记录整理的《白虎通》居然也有性教育的内容，"极说明阴阳夫妻变化之道"。到隋唐，此类著作就更多了。到了清代，连《西厢记》和《水浒传》，以及我们正在讨论的这本中国最伟大的小说《红楼梦》里，都出现了“十锦春意香袋”，这在禁欲的时代，自然是有悖伦理的。难怪王夫人拿着香袋质问凤姐的时候先是“含着泪”，再是“从袖内掷出”。凤姐问一句“太太从哪里得来”，王夫人见问，“越发泪如雨下”了。

一本性教育教材，何至于如此啊，直至上升到“性命脸面也要不要”的高度！看来，大家都被封闭太久了。王夫人出嫁的时候，箱底又何尝没有嫁妆画或者压箱底？诚如俗语所说：当木头变成了斧柄，砍削的是同类！

爱情需要教育吗?

拿这个问题问大儒钱锺书，说不定他会抬头“哦”一声，然后，冷冷抛出《围城》里的一句话：“世间哪有什么爱情，纯粹是生殖冲动。”

好吧，钱老师连爱情都认为没有，更别扯“爱情教育”了。

再拿这个问题问美籍德裔心理学家和哲学家弗洛姆，他指定要甩我一耳光：“我在1956年就出版了《爱的艺术》，你说需要不需要教育？”

想想弗洛姆老师脾气应该不至于这么暴躁，虽然他在前言中就说：“会使所有期望从这本书里得到掌握爱的艺术秘诀的读者大失所望。”但弗洛姆老师还说了：“如果不努力发展自己的全部人格并以此达到一种创造性倾向，那么每种爱的试图都会失败。如果没有爱他人的能力，如果不能真正谦恭地、勇敢地、真诚地和有纪律地爱他人，那么人们在自己的爱情生活中也永远得不到满足。”

他说了，爱是一种能力。能力，是要培养的，不是与生俱来的。培养就是一种教育，宝黛的爱情就是缺少教育。

甭说宝黛了，21世纪的我们何尝不是这样？语文教科书里关于爱情先是有意无意避讳，后来终有一点亮光，但也遮遮掩掩，穿插了几首古典爱情诗歌，唯美虚构的成分太多。至于罗密欧与朱丽叶，语文老师是打死也不会讲他们恋爱时的年龄的，班主任防早恋比防贼还厉害。除了杜绝这种情感的萌芽，我们毫无作为。

我们传统社会里的爱情教育始终处于空白状态。

好吧，容我再抄一段。木心先生说："伍尔芙夫人对《简·爱》的批评凶狠不留情，我以为《简·爱》还是好。一是情操崇高，二是适合年轻人读，是好的爱情教科书。年轻时不爱看此书，完了——感情上看不懂《简·爱》，是个大老粗。对《少年维特》《简·爱》《茶花女》《冰岛渔夫》这几部爱情小说，如果看不懂，不爱看，那是爱情的门外汉门外婆，而且我可以判断，他是个坏人，没出息。西方就有这个好处：有这样健康的爱情教科书。中国要么道德教训，要么淫书，要么帝王将相画，要么春宫图……这几本书，是爱情上的福音书。爱情在这个世界上快要失传了。爱情是一门失传的学问。"

你说木心先生的话偏激不？偏激，他之所以可爱就在于他的偏激。

那么，爱情教育最好的方式是什么呢？也许如木心先生所说，有一些健康的爱情教科书。可是，这样的爱情教科书哪里去找？更别说进入教材了。即便进了教材，也会被语文老师分析成道德与意识形态。学生想要爱情的理论支撑，只好去三流的言情小说甚至情色小说里去找了。

在《红楼梦》以前，确实如木心老师所说，所谓的爱情教育，要么是道德教训，要么是春宫图。幸好我们有一本《西厢记》，还有一本《牡丹亭》。可是，这种健康的爱情教科书别说在当时，就是现在，也会被人视为洪水猛兽：父亲的灵柩还存放在普救寺里，女儿就已经与别的男人眉来眼去，鸿雁传书，成何体统！《牡丹亭》里的杜丽娘，好好的闺房不待，游什么断井颓垣的后花园呢，游也就罢了，还做什么梦呢？梦也就罢了，怎么还"一梦不醒"甚而一命呜呼了？

宝黛都读过《西厢记》，也都知道《牡丹亭》，其中的经典折子他们都听过。

第二十三回，宝玉躲在桃花底下读《西厢记》，被黛玉逮个正着。宝玉评价："真真这是好书！你要看了，连饭也不想吃呢。"黛玉呢，"将十六出俱已看完，自觉辞藻警人，余香满口""心内还默默记诵"。默默记诵，那可不是随便的阅读。宝玉借着《西厢记》表白黛玉前，还问了黛玉："妹妹，你说好不好？"黛玉的回答是："果然有趣。"但当宝玉表白"我就是个'多愁多病身'，你就是那'倾国倾城貌'"时，黛玉嘴里的"果然有趣"一下子就变成了"淫词艳曲"。尽管她说的是玩笑话，但也可以看出社会道德对爱情的压抑。

然而，爱情是压抑不住的。

"则为你如花美眷，似水流年"，还有那"原来姹紫嫣红开遍，似这般都付与断井颓垣。良辰美景奈何天，赏心乐事谁家院。"唤醒的是青春，是生命。在荒芜的社会伦理与道德面前，还有姹紫嫣红的春天，有灿烂活泼的生命。

但他们的爱情教育也仅止于此。

宝玉爱黛玉，更像是一种精神寄托。爱，只有精神寄托是不够的。

宝玉的身边有更加家庭氛围的、男女性爱色彩的、充满情欲气息的袭人，宝玉对黛玉没有那种性意味的爱情。他们有的是两小无猜、争嘴斗闹的精神刺激。（柯云路《破译命运密码》）

宝玉口口声声对黛玉说“你放心”，说什么“你皆因总是不放心的原故，才弄了一身病。但凡宽慰些，这病也不得一日重似一日”。（第三十二回）但是，宝玉做过什么让黛玉放心的事呢？

宝玉被打，黛玉去看他，半日，才抽抽噎噎地说：“你从此可都改了吧。”这句话，真亏曹翁想得出来，绝妙无比，令人回味无穷。谁曾想，宝玉的回答是：“你放心，别说这样的话。就便为了这些人死了，也是情愿的。”（第三十四回）敢问公子，“这些人”是指谁？

宝玉见了龄官，觉得她大有“林黛玉之态”，乃“不忍弃他而去，只管痴看”（第三十回）；见了金钏儿，“就有些恋恋不舍”（第三十回）；通判傅试有个妹妹傅秋芳，“才貌俱全，虽自未亲睹，然遐思遥爱之心十分诚敬”（第三十五回）；更不要说“还有什么宝姑娘贝姑娘的”“见了姐姐就把妹妹忘了”（第二十八回）；更令人受不了的是见了秦钟，惊叹“天下竟有这等人物”（第七回）；见了蒋玉菡，“妩媚温柔，心中十分留恋，便紧紧的搭着他的手”。我们当然可以把这些理解为宝玉对青春生命的欣赏，但是公子哥儿的毛病，他身上的确有不少。

所以，林姑娘放得了心吗？

有人说，宝玉这是博爱。果真如此吗？

什么是博爱？弗洛姆说：“博爱就是对所有的人都有一种责任感，关心、尊重和了解他人，也就是愿意提高其他人的生活情趣。”爱人即爱己，博爱是对所有人的爱，这种爱没有独占性。

很明显，宝玉的爱不是博爱，他爱未出嫁的少女，爱妩媚温柔的公子；他不爱的更多：须眉浊物，出嫁了的女人……

宝玉不明白，在宝黛的爱情中，他始终没有做过什么。

爱情是一种行动，它首先是给，而不是得，给就是牺牲。

宝玉见黛玉的第一面就说“这个妹妹我见过的”，没过多久，“遂强袭人同领警幻所训云雨之事”。斯宾诺莎说：“美德和控制自己就是一回事。”宝玉哪里控制得住？这样的德行，黛玉能放心吗？

其实何止宝玉，我们所有的人都缺乏爱情教育，我们所谓的爱情都来自道德，那唯美的古典文学里的爱情都欠一份地气。

大观园里少了一节体育课

前面我说过，我不愿意穿越到大观园里做班主任。为此，我列举了很多原因，但是，有一个原因我没有提到，那就是大观园里的儿女们身体素质太差了，他们很少参加体育运动。

比如林黛玉，就是大观园里的头号“药罐子”。

因母亲死，“哀痛过伤，本自怯弱多病触犯旧症，遂连日不曾上学”，因身体原因，一请假就是很多天。看得出来，黛玉之病与遗传有关，母亲早逝或许能说明点问题。

到了外祖母家，第一次与亲戚们见面，结果不是医生的亲戚们都看得出来黛玉“有不足之症”，也就是中医所谓的身体虚弱。黛玉自己也说：“从会吃饮食时便吃药，到今日未断，请了多少名医修方配药，皆不见效。”并且一直在吃“人参养荣丸”。身体虚弱，除了食补之外，体育锻炼当是最好的方剂。

上文提到的旧症是什么？太医院的王大夫诊脉后说：“这病时常应得头晕，减饮食，多梦，每到五更，必醒个几次。日间听见不干自己的事，也必要动气，且多疑多惧。不知者疑为性情乖诞，其实因肝阴亏损，心气衰耗，都是这个病在那里作怪。”根本不需要做B超、照X光，我们就知道这是肺结核。

黛玉的身体之差，不仅仅是肺结核这么简单。第八回中，她去看宝钗，紫鹃叫雪雁送来了暖炉，薛姨妈就说：“你素日身子弱，禁不得冷。”第二十九回，清虚观打醮，时间还只是端阳节前后，她跟着外祖母出去一趟，“回家又中了暑”，“又”字说明中暑还不止一次。除此之外，黛玉肠胃也不好。第二十九回和宝玉闹矛盾，宝玉砸了他从王夫人肚子里带来的那块宝玉，袭人劝了一句：“倘或砸坏了，叫他心里脸上怎么过的去?”黛玉听到这话，觉得说到了自己心坎上，于是伤心大哭起来。刚刚吃下的香薷饮解暑汤便承受不住，“哇”的一声都吐了出来。另外，她还有什么“浑身火热，面上作烧”（第三十四回），“每岁至春分秋分之后，必犯嗽疾”（第四十五回），“大约一年之中，通共也只好睡十夜满足的”（第七十六回）等大小疾病。

黛玉的病伴随了她短暂的一生，直到“焚稿断痴情”时，处于内外交困的她难以自拔，令人感慨唏嘘。但通观整部《红楼梦》，我们很少见到黛玉有什么体力活动。

薛宝钗呢，相比黛玉，身体素质略好些，但也好不到哪里去。周瑞家的去看她，她正生着病。发病时“只不过喘嗽些”，她说“那种病又犯了”，想必是哮喘。虽然“先天壮”，但也是先天性疾病，“从胎里带来的一股热毒”，秃头和尚开出一个海上仙方，号称“冷香丸”。只是这海上仙方的制作烦不胜烦。

十二钗中的秦可卿，更是病得有名，病出了刘心武先生开创的一门“秦学”。第十回，婆婆尤氏就说：“那两日，到了下半天就懒待动，话也懒待说，眼神也发眩，经期有两月没来。”还有张太医那一段有名的“背医书”，大抵是妇科病之类，身体也不好。虽然秦可卿在作者笔下有不同的死法，但是通行版中还是病死的。

还有在皇宫里的元妃，回目中就赫然记录着“染恙”。母亲到皇宫去探望，“圣眷隆重，身体发福”“时发痰疾。因前日侍宴回宫，偶沾寒气，勾起旧疾。不料此回甚属利害，竟至痰气壅塞，四肢厥冷”“岂知汤药不进，连用通关之剂，并不见效”，自此香消玉殒。（第九十五回）惜春的身子骨也很弱。晴雯“仗着素日比别人气壮，不畏寒冷，也不披衣，只穿着小袄……随后出来”看月色，结果第二天就“有些鼻塞声重，懒怠动弹”，“只管咳嗽”。医生说这只“算是个小伤寒”，但她的抵抗力极差，乃至最终早逝，令人唏嘘不已。就在晴雯患病不久，李纨“亦因时气感冒”“邢夫人又正害火眼”，湘云亦因时气所感，袭人呢，宝玉不小心一脚踹了她，即刻吐血。在现代医学理论看来，这不是肺痨就是胃溃疡，或者“肺二口虫病”。

其他的女性就不一一列举了。那男的呢？也好不到哪里去。

贾宝玉因“从梦中听见说秦氏死了，连忙翻身爬起来，只觉心中似戳了一刀的不忍，哇的一声，直喷出一口血来”。虽然直接原因是情感突然受到刺激，但恐怕与身体素质差也有些关系。

贾瑞呢，就更别提了。调戏堂嫂王熙凤不成，反受捉弄，邪心不改。“指头告了消乏（手淫）”，最后“心内发膨胀，口中无滋味，脚下如绵，眼中似醋，黑夜作烧，白昼常倦，下溺连精，嗽痰带血”，这是典型的遗精患者身体虚弱的临床表现。本不是什么大病，但是最后居然死于此，实在令人感慨。

当然，一两次生病并不表示身体素质一定就差，不生病也并不能保证身体素质一定就好。但是无须讳言，书中那些早逝的孩子，身体素质真的极其糟糕，诚如贾母说的“弱的弱，病的病”。

那我们不禁要问：这些孩子天天“上学上学”，难道他们就没有体育课吗？

其实是有的，只是大家都不大当一回事。

第七十五回，贾珍因居父丧，“每不得游顽旷荡，又不得观优闻乐作遣。无聊之极，便生了个破闷之法。日间以习射为由，请了各世家弟兄及诸富贵亲友来较射”。骑射是当时满蒙贵族的看家本领，也是他们祖传的技艺。同时，骑射也是汉族传统中重要的体育课内容。

早在周朝，王室就设立了叫“辟雍”的学校，诸侯设立了叫“泮宫”的学校，据说这些学校都临近水塘和森林，以教导军事知识为主，包括驾驭马车和射箭。孔子就将射箭和驾车列入他的学习纲要中（礼、乐、射、御、书、数）。越往后，骑射就越来越脱离军事活动，而成为体育活动的一种。据说温柔敦厚、谦和有礼的孔老师射箭技术很高，并把射箭纳入自己的礼教范围内，说：“君子无所争。必也射乎？揖让而升，下而饮，其争也君子。”

骑射既是中国古代体育教育的重要内容，贾珍这样做，理应受到家族的赞许（何况他们家族还在武荫之列），可为什么我们还说他们不重视体育呢？

问题是贾珍这家伙把好事办成了坏事。他以射箭为由，愣是弄出一个赌局来。“白白的只管乱射，终无裨益，不但不能长进，而且坏了式样”，他不知道，这样做使得好好的体育课变成了“斗鸡走狗、问柳评花”，“天天宰猪割羊，屠鹅戮鸭，好似临潼斗宝一般，都要卖弄自己家的好厨艺好烹炮”。

参加体育课的学生当中，就有贾环、贾琮、宝玉、贾兰四人，他们跟着贾珍习射过一回。谈不上坚持，因为接下来所谓的习射课程完全变成了聚众赌博。

不过也有做得好的。谁？贾兰。

可以说，贾兰是全书中最重视体育的一位学生——唯独他在书里两次习射。别看他年纪小，第二十六回，宝玉出门，遇见两只小鹿箭也似的跑来，只见贾兰在后面拿着一张小弓追了下来。宝玉对他说：“你又淘气了，好好的射它做什么？”贾兰笑道：“这会子不念书，闲着做什么，所以演习演习骑射。”从这句话里似乎看得出来，他读书之余，总是将演习骑射作为一种放松的方式。据清朝评家的点评，此时的贾兰11岁，但他已经非常懂得劳逸结合了。

说完这些，我们不禁要问：为什么《红楼梦》中体育不受重视？其实，我们现在不也如此吗？

长安二年，即公元702年，一代女皇武则天开武举，其中的考试项目就有马射、步射、平射、马枪、负重等，“高第者授以官，其次以类升”。可那又怎样呢？连欧阳修主持编撰的《新唐书·选举志》中都说：“其选用之法不足道。”书中关于武举的记载，九十余字而已。自宋以来，文官制度日益兴盛，相比之下，武举就不受待见了，从而导致国人的身体素质每况愈下。

我们现在的体育与大观园里相比，不乐观地说，好不了多少。我们体育课有多少节堂而皇之地为中高考让了路？好在现在的女孩子们不需要谨守在香闺之中，她们可以结伴爬山，可以穿着比基尼游泳，可以去逛大街，不然的话，她们的身体素质说不定还不如钗黛等人呢！

宝玉是怎样进行应试教育的

宝玉居然也有语文应试教育？没错。别看他是“钟鸣鼎食之家，诗礼簪缨之族”的富家公子，别看他口口声声说什么八股文是“诓功名，混饭吃”的工具，说什么“代圣人立言”。毕竟他生活在科举社会的大环境、大背景下，参加科举考试，于他反倒觉得更真，因为他难有别的选择。毕竟，通过考试这条路走出去是古今共同的观念，虽然宝玉从没想过要走出去，何况他也走不出去，出家或者死亡也许就是他的归宿。

宝玉同学特别讨厌传统教育，可是现实却由不得他。正如现在参加高考的学生，许多人也是被赶鸭子上架的。贾政是传统教育的既得利益者，当初贾政的父亲去世的时候，“皇上因恤先臣，即时令长子袭官外，问还有几子，立刻引见，遂额外赐了这政老爷一个主事之衔，令其入部习学”。关键是，他们这一大家族里，还有读书人的榜样——林如海，林如海可是前科探花。于是，贾政非要把宝玉拉到传统教育的轨道上来不可，并因此埋下了父子矛盾的种子。

那宝玉的语文应试教育是如何完成的呢？

第一步，自然是和穷人家的孩子没什么区别，送到私塾里去读书，确切地说，是背书，且美其名曰“入学攻书”。攻什么书？最早应该是《三字经》《百家姓》《千字文》之类的识字课本，由于宝玉同学的基础比较好，悟性高，关键还有一个好姐姐——“那宝玉未入学堂之先，三四岁时，已得贾妃手引口传，教授了几本书数千字在腹内了”。（第十七回至十八回）所以，他很容易就把这一批简单的识字课本解决了，而转去读较难一点的书了。再说，这一切其实早被他那位以八股举业立身处世别无所能的老爹贾政安排好了，“什么诗经古文，一概不用虚应故事，只是先把‘四书’一气讲明背熟，是最要紧的”。（第九回）

但是，不能光在私塾里摇头晃脑读“四书”吧？写八股文不是需要练习吗？练习八股文的第一步，就是作对子，又称作对课。

这是应试作文（八股文）必须要经过的第一个步骤。貌似很简单，词性相对，字数相同，其实很难，难的是气魄胸怀。举人出身还考过进士的北京大学校长蔡元培先生有一段回忆有关对课的文字：“对课与现在的造句法相近。大约由一字到四字，先生出上联，学生想出下联来。不但名词要对名词，静词要对静词，动词要对动词，而且每一种词里面，又要取其品性相近的……这一种工课，不但是作文的开头，也是作诗的基础。”（《蔡元培选集》）

第九回，私塾老师贾代儒老先生家里有事，走之前给学生留了一个上联，可惜书里没有写清楚上联是什么。晚清时候，绍兴一家叫三味书屋的私塾里，寿镜吾老师也给学生留下了上联，叫“独角兽”，学生给出的下联五花八门，“四眼狗”“六角蟹”“九头鸟”之类，应有尽有。只有一个叫周樟寿的学生对的下联“比目鱼”，才引起寿老先生的连连叫好。“比”和“独”是数词，“目”和“角”是器官名词，“兽”和“鱼”，一为陆地动物的统称，一为水下动物的统称，这三个字连起来也很和谐。这位学生后来改名周树人，字豫山，因为被同学叫成“雨伞”，后改豫才，1918年经不住朋友的软磨硬泡，写了一篇叫《狂人日记》的小说，署名鲁迅，从此大家都知道了他。

其实，对课并不是老师出上联，然后拍拍屁股走人了事，它的学习也是有步骤的。

清人崔学古撰写了一本书，名《幼训》，把对课就分成了三个步骤：训字，立程，增字。

所谓训字，就是挑出一个字来，将意思告诉给学生，然后禁止学生翻书，先立意，再对对，其间不能轻易改动；所谓立程，说白了就是扩大阅读量，后来出现了《声律启蒙》《笠翁对韵》，这两本书便成了必读书目，其他的如古今名对及诗话，也须细玩熟读；所谓增字，即增加字数，比如教师出上联“虎”字，学生对“龙”字，教师再出“猛虎”，学生接“神龙”，教师继续加字“降猛虎”，学生也相应地在下联中添加字数，如“豢神龙”。

宝玉的对联功夫如何？看来是有两下子的。第一，他诗作得好，有对联的基本功。第二，他现场对对子赢得了一片赞誉，主要体现在《大观园试才题对额》里。其他同学呢？贾环不怎么样，老师布置的作业都完成不了，还要宝玉帮忙，最后还给宝玉买了蝈蝈作为答谢。贾兰的水平也不算太高，差强人意。

作对子在用字、修辞、语法、逻辑等方面，确能训练学生的语言能力，对写一般文章也是大有好处的。

这个好处，大师陈寅恪先生说得最到位。

1933年暑假，刘文典先生请陈先生拟清华大学的入学考试题目，除了“梦游清华园记”的作文题外，陈先生还出了个上联“孙行者”，一时“舆论大哗”，陈先生便作《与刘叔雅论国文试题书》，洋洋洒洒，甲乙丙丁，缜密极了。他说：“真正中国语文文法未成立之前，似无过于对对子之一方法。此方法去吾辈理想中之完善方法，固甚辽远，但尚是诚意不欺，实事求是之一种办法，不妨于今夏入学考试时，试一用之，以测验应试者之国文程度。”他举出对对子的四个好处：第一是“对子可以测验应试者，能否分别虚实字及其应用”；第二是“对子可以测验应试者，能否分别平仄声”，这一点，陈先生还强调说是最重要的，可是现在且不说高中毕业生，即便语文老师都分辨不清了；第三是“对子可以测验读书之多少及语藏之贫富”；第四是“对子可以测验思想条理”。

除了对课之外，还有一个练习也是必做的：猜诗谜。这可不是为了浓厚课堂氛围，调动学生积极性，而是纯粹为将来的应试作八股文做准备，帮助学生理解诗文语句的含义。猜诗谜对八股文中的“破题”很有帮助。

恰好，《红楼梦》中也有这样的诗谜。元妃在元宵省亲之后，从宫里送出灯谜，贾政、探春、黛玉等人都做了相应的灯谜，有自己猜的，也有送进宫去的。比如，颇有八股文基础的贾政先生，他的灯谜谜面是：

身自端方，体自坚硬。

虽不能言，有言必应。

完成了这两大步，接下来，宝玉他们就要开笔学写八股文了。

写之前，还是读，读状元、榜眼、探花的。有人在经营此类教辅材料，如大作家方苞老师就主编过《钦定四书文》，由皇帝爱新觉罗·弘历亲自审定，颁布天下，成了天下学子的必读书。

关于读、学八股文，《红楼梦》中写得不够精彩，倒是《儒林外史》第十一回《鲁小姐制义难新郎》中有一段很有意思的描写，不妨拿来看看："鲁编修因无公子，就把女儿当作儿子，五六岁上请先生开蒙，就读的是"四书五经"；十一二岁就讲书、读文章，先把一部王守溪的稿子读的滚瓜烂熟。教他做'破题''破承''起讲''题比''中比'成篇。送先生的束修。那先生督课，同男子一样。这小姐资性又高，记性又好；到此时，王、唐、瞿、薛，以及诸大家之文，历科程墨，各省宗师考卷，肚里记得三千余篇。"鲁小姐能记得这么多，大有夸张的嫌疑。但是，肚子里没有个数百篇，一般角色恐怕是不敢上考场的。

鲁小姐的父亲鲁编修告诉她："八股文章若作的好，随你作什么东西，要诗就诗，要赋就赋，都是一鞭一条痕，一掴一掌血。若是八股文章欠讲究，任你作出甚么来，都是野狐禅、邪魔外道！小姐听了父亲的教训，晓妆台畔，刺绣床前，摆满了一部一部的文章；每日丹黄烂然，蝇头细批。人家送来的诗词歌赋，正眼儿也不看他。家里虽有几本甚么《千家诗》《解学士诗》以及东坡、小妹诗话之类，倒把与伴读的侍女采苹、双红们看；闲暇也教他诌几句诗，以为笑话。”鲁小姐的读书状态正是很多学子的读书状态，包括贾兰。宝玉是反对的，所以不在其列——必须要说明的是，书中说的“诗词歌赋正眼不看”基本上也是夸张加讽刺。可惜的是，鲁小姐的夫君蘧公孙不仅不善八股，还对此毫不在意，颇为有趣。

对课上了，诗谜课上了，八股文的范文也读了，宝玉、贾兰、贾环等人接下来就该真正开笔作文章了。

第八十四回，“贾政此时在内书房坐着，宝玉进来请了安，一旁侍立。贾政问道：‘这几日我心上有事，也忘了问你。那一日你说你师父叫你讲一个月的书就要给你开笔，如今算来将两个月了，你到底开了笔没有？’宝玉道：‘才作过三次。师父说且不必回老爷知道，等好些再回老爷知道罢。因此，这两天总没敢回。’贾政道：‘是什么题目？’宝玉道：‘一个是《吾十有五而志于学》，一个是《人不知而不愠》，一个是《则归墨》三字。’贾政道：‘都有稿儿么？’宝玉道：‘都是作了抄出来，师父又改的。’”

这算是宝玉正式练习八股文写作的开始。如果他写熟练了，得到了老师或者行家的认可，就可以上考场了。这就是宝玉在应试教育方面的基本学习流程。当然，要完成这一流程的，也不仅仅是他。

第三辑　家教

大观园里有资质极佳的子弟，但缺少一流的教师，更缺少一流的家长，社会背景、家庭矛盾、政治制度让他们无法成为教育的成功者。有人说，贾府的失败主要在教育。读了《红楼梦》，徒留一声叹息。

薛姨妈的教子观

薛蟠是《红楼梦》中的富二代。在书中还没有正式登场，名字就与一场人命官司连在了一起。他就是所谓的“坑爹一代”——不，他没爹可坑，他的父亲早已去世，但是亲娘舅、姨老爷却差一点被他坑了。

我们来看一下这个富二代都做了些什么。

第一件事就是将人活活打死，他身上背负着两条人命。

甄士隐的女儿甄英莲在元宵夜被人抱走，养到十几岁才卖。人贩子先将她卖给乡绅之子冯渊，继而卖给薛家。冯家人财两空，自然不乐意，于是找卖主。但是，“薛家原系金陵一霸，依财仗势，众豪奴将我小主人（冯渊）竟打死了。凶身主仆已皆逃走，无影无踪”。这话是冯家人说的。他们说的“逃走”，其实应该是“潇洒地走”。贾雨村判案的时候，小门子对他说：“这薛公子的混名人称‘呆霸王’，最是天下第一个弄性尚气的人，而且使钱如土，遂打了个落花流水，生拖死拽，把个英莲拖去。”“最是天下第一个”之类的话，这是一个没有利益勾连的局外人的评价。

但是，这一行为的背后深含了一个问题：事情为什么会发展到这种地步？

原因是“薛公子，亦系金陵人氏，本是书香继世之家，只是如今这薛公子幼年丧父，寡母又怜他是个孤根独种，未免溺爱纵容”。

想起阿德勒在《自卑与超越》中说的第二种孩子：被娇宠的孩子。他说：“被娇宠的儿童多会期待别人把他的愿望当作法律看待，他不必努力就能成为天之骄子，通常他还会认为与众不同是他的天赋权利。结果，当他进入一个不是以他为众人注意中心的情境，而别人也不以体贴其感觉为主要目的时，他即会若有所失而觉得世界亏待了他。他一直训练只取不予，而从未觉得学会用别的方式来对待其他问题。而别人老是服侍他，使得他失去了独立性，也不知道自己能做些什么事情。”

“溺爱纵容”的结果就是，“今年方十有五岁，性情奢侈，言语傲慢。虽也上过学，不过略识几字。终日惟有斗鸡走马，游山玩水而已。虽是皇商，一应经济世事，全然不知，不过赖祖父之旧情分，户部挂虚名，支领钱粮，其余事体，自有伙计老家人等措办”。

这样的结果，作为母亲的薛姨妈是负有无法推卸的责任的。

首先，就是财富教育不到位。要说对于长大的薛蟠，母亲薛姨妈没法管或者管不了，倒情有可原，但“今年方十有五岁，性情奢侈，言语傲慢”，就有点说不过去了，可薛姨妈却打心里没打算去管她儿子。第八回，宝玉去看宝钗，问薛姨妈："哥哥不在家?"薛姨妈叹道："他是个没笼头的马，天天忙不了，那里肯在家一日。"她非常清楚自己儿子的习性，可她就是不想去管。薛姨妈让我想起了《大宅门》里的白文氏，但是她没法和白文氏比。白文氏管着那么大的一个家族，并且还要打理百草堂的生意，但她仍要挤出时间去管儿子白景琦。老师被儿子轰走了，就再请一个，直到请来了季宗布。更有甚者，白文氏把儿子白景琦直接赶出家门，逼着他在济南干出一番事业来。薛姨妈呢?皇商生意，自有老家人打理，她有足够的时间管教儿子，但却没有好好管教。她这是失职。

有没有时间教子，还不是最重要的，最重要的是教子的观念。

薛姨妈的教子观念极有问题。儿子打死冯渊之后，"他便带了母妹竟自起身长行去了。人命官司一事，他竟视为儿戏，自为花上几个臭钱，没有不了的"。作为母亲的薛姨妈没有任何表态。

薛公子杀人如草不闻声，逍遥法外、肆无忌惮地进了京城。母亲不知道有些教训是一定要吸取的，有些苦头是一定要吃的，有些弯路其实就是捷径，但她都让自己的儿子给错过了。

薛蟠因为惧怕舅舅王子腾和姨爹贾政的管束，想着人打扫自己的房子，单独居住。薛姨妈知道儿子的"不良心思"吗?知道的。她说："守着舅舅姨爹住着，未免拘紧了你，不如你各自住着，好任意施为。"知道儿子的目的，了解儿子的想法，也算是"知子莫若母"了。但薛姨妈阻拦了吗?没有。她错失了一个机会。薛姨妈应该向王子腾和贾政寻求帮助管教儿子，可是她却继续默认儿子的任意妄为。

她说道："你既如此，你自去挑所宅子去住，我和你姨娘、姊妹们别了这几年，却要厮守几日，我带了你妹子投你姨娘家去，你道好不好？"人命官司刚刚了结，儿子就要单独去外面"任意施为"，不想过"拘紧"的生活，作为母亲，薛姨妈不管也就罢了，但她居然就自己的进京住宿问题还要征询儿子："你道好不好？"

夫死从子，做到这个份上，应该变味了吧？

薛姨妈，娘家是王家，夫家是薛家，都是富贵之家，难道连《列女传》都没读过？不会连"孟母三迁"的典故也忘记了吧？

到了贾府，进了私塾，贾代儒老师点名上课，但是几乎见不到薛蟠的身影。"不上一月的光景……凡是那些纨绔习气者，莫不喜与他来往，今日会酒，明日观花，甚至聚赌嫖娼，渐渐无所不至，引诱得薛蟠比当日更坏了十倍。"他真的就一点也不想悔过吗？

有的。第三十四回，薛蟠一句"你这金要拣有玉的才可正配"，把妹妹惹哭了。后来道歉的时候薛蟠说："从今以后我再不同他们一处吃酒闲逛如何？"薛姨妈的话是："你要有这个横劲，那龙也下蛋了。"于是薛蟠一段赌咒发誓，说再怎么样，"妈为我生气还有可恕，若只管叫妹妹为我操心，我更不是人了。如今父亲没了，我不能多孝顺妈多疼妹妹，反教娘生气妹妹烦恼，真连个畜生也不如了。""眼睛里禁不起也滚下泪来"。

此刻，我相信薛蟠是真诚的，思及悔改，可是做母亲的一点也不信任他。殊不知，儿子此刻需要的正是母亲的支持。对薛蟠来说，这样的时刻可以说是他人生中仅有的一次。

第四十七回，薛公子在赖大家的酒席上碰到柳湘莲，又动了欲念，被柳湘莲骗到北门外的苇子坑打了个半死，贾蓉带人找到他时，只见他“衣衫零碎，面目肿破，没头没脸，遍身内外，滚的似个泥猪一般”。贾蓉说：“薛大叔天天调情……”“天天”两字，虽是玩笑话，但也反映了这个“呆霸王”的向来作风。此后，连贾珍都知道“他须得吃个亏才好”。做母亲的，最看不得儿子吃亏，最舍不得儿子吃亏，这就是富家子弟家教中的最大问题之一。

问题是，像薛蟠这样的人，即便吃过亏，也不会长进啊！

“薛姨妈又是心疼，又是发恨，骂一回薛蟠，又骂一回柳湘莲，意欲告诉王夫人，遣人寻拿柳湘莲。”儿子是骂了，可惜曹公没写出来是怎么个骂法。“你窝囊，连个柳湘莲都打不过”，也是一种骂法。薛姨妈发恨，可不知道恨的是什么，恨丈夫死得早？恨当年自己没有好好调教儿子？应该不是。倘若这么早就清醒了，薛姨妈断不会告诉王夫人“遣人寻拿柳湘莲”。

幸好，通情达理的薛宝钗及时制止了她这一糊涂做法。

第二条人命，张三。薛蟠喜欢的戏子蒋玉菡被酒店里的跑堂张三多瞅了两眼，薛蟠气不过，第二天便跑去为难张三。这个爱好“男风”的不良癖好，可真给他惹了不少麻烦。他“拿起酒碗照他打去”，把人一碗砸死了。下手之重，后果之惨，不堪设想。这样的大罪，薛蟠已经是第二次犯了。做母亲的薛姨妈为救儿子可谓雷厉风行。但薛蟠的态度跟无事人一样：“必须衙门再使费几次，便可回家了。只是不要可惜银钱。”听这富二代的口吻，仿佛银子就像春天的雨水那样哗哗哗地下到了他们家的院子里。第九十回，薛蝌前来向薛姨妈报告薛蟠杀人的事情，薛姨妈说了一句话，字里行间没有太多的感情，死心一般的冷静。她说：“我虽有儿，如今就像没有的了，就是上司准了，也是个废人。”废人的评价，真的是恰如其分，又应了那句“知子莫若母”的古话了。

有版本说薛蟠最后被贾雨村判处死刑。凭他身上两条人命，不冤。他不是死于“敌手的锋刃，也不是死于不知何来的暗器”，更不是“战友乱发的流弹，病菌并无恶意的侵入”，而是死于“慈母误进的毒药”。(《鲁迅全集》)

只是，不知道那个时候，薛姨妈有没有看见这一幕？

想起我曾经读过的一篇小古文《芒山盗》：

> 宣和间，芒山有盗临刑，母亲与之诀。盗对母云：“愿如儿时一吮母乳，死且无憾。”母与之乳，盗啮断乳头，流血满地，母死。盗因告刑者曰：“吾少也，盗一菜一薪，吾母见而喜之，以至不检，遂有今日。故恨杀之。”呜呼！异矣，夫语“教子婴孩”，不虚也！

慈母多败儿啊！可惜的是，薛蟠恐怕临终也不会悔悟，他依旧会想为什么母亲、姨父和舅舅没有救他？

贾政是个好父亲

我见过不少奇葩的家长。

举一例。有个学生病了，我打电话给其母，其母在外地出差，再打电话给其父，未接。于是，我先送学生到医院，看完病，将其送到家。原以为家里没人，学生开了门才发现里面烟雾缭绕，原来其父在家玩麻将，手机没来得及看。其父也不起身，只说："老师坐会儿不？儿子先回房休息一下，待我打完这两圈就好了。"我哪敢坐，交代之后赶紧逃离。

当时就想，几百年前的小说《红楼梦》里令读者讨厌的贾政，也要比21世纪的这类父亲做得好很多啊！

是的，作为父亲的贾政其实还是不错的，虽然谈不上优秀。

他只是那个酱缸里的一个普通人，不可能看到很远，所以他做的事情都是从当时的伦理道德出发的。

冷子兴说贾政"自幼酷喜读书""欲以科甲出身"，这不是什么坏事吧？诚如现在的本科生毕业后努力看《申论》，做行政能力测试的试卷，想考个公务员，这样做只不过想生活得轻松一点，能进入体制之内。

在妹夫林如海的眼里，“其为人谦恭厚道，大有祖父遗风，非膏粱轻薄仕宦之流”，这个评价，贾政是当得起的。至于“顽固”“腐朽”之类的说辞，那是后人站着说话不嫌腰疼。

作为家长，贾政有一点就做得很好：他营造了具有较高文化品位的家风。读者诸君，请问你老爸老妈给你留过多少藏书？贾政比那个袭着官、干着族长营生还要硬抢老太太身边的鸳鸯的贾赦要好很多，他对于自己的女儿、侄女和外甥女的文化活动，从不干涉，也不阻拦，不像他的亲家、身为国子监祭酒的李守中老师——那可是相当于北大清华校长级别的人，说什么“女子无才便是德”（第四回），贾政可从没说过这种话。

这一点上他的确很有功劳。

另外，贾政是一个关心儿子学业的父亲。读者诸君，你如果有孩子，不妨想想，你参加过几次孩子学校安排的亲子活动或家长会？

还有，元春的培养，虽然贡献最大的可能是贾母，但贾政也应该有一份功劳。

当然，不得不承认贾政很严厉。第八回，宝玉在薛姨妈那里喝酒，被奶妈提醒，一句“你可仔细老爷今儿在家，提防问你的书”就把他吓得不轻。一听见父亲叫自己，宝玉就像被打了一个焦雷。宝玉之所以怕他父亲，有两个原因，一是怕见到贾雨村这类人，二是怕贾政过问他的学业。

不仅如此，从外面工作回来，贾政还要检查宝玉的书法情

况。（第七十回）

可是，读“四书”、练书法，那都是为了科举啊！贾政说过，“那怕是再念三十本《诗经》，也都是掩耳偷铃，哄人而已……什么诗经古文，一概不用虚应故事，只是先把“四书”一气讲明背熟，是最要紧的。”这是否太功利了？

然而，功利又怎么了？一切为科举又怎么了？强调科举就不是好父亲了？你见过几个家长在孩子高考的时候允许孩子去读《金瓶梅》之类的禁书？贾政只是履行了一个父亲在那个时代应该履行的职责而已。

再来说说贾政对宝玉大动板子这件事。大家一提起这事，就说贾政是“封建卫道士”，这实在是一种道德绑架。

首先要问的是宝玉该不该打？

我只想说单就“表赠私物，流荡优伶”一项，宝玉就该打。

看到宝玉见雨村时无精打采，听到贾环对宝玉的污蔑之词，便心怀不满。那是对贾政的误解。政坛中的贾政有着极其灵敏的感觉。还记得第十六回吗？贾政生日那天，宁荣两府人物齐集庆贺，热闹非凡，因一句“有六宫都太监夏老爷来降旨”，“唬的贾赦贾政一干人不知是何消息，忙止了戏文，撤去酒席，摆了香案，启中门跪接”。贾母也许忘记了自己“合家人等心中皆惶惶不定”，但是，长期在政坛的贾政怎么会忘记呢？

宝玉犯了政治大忌，打，本身就是一种特殊教育。也许贾政读过司马光的《涑水纪闻》。这本书里说，寇准小时候“不修小节，颇爱飞鹰走狗。太夫人性严，尝不胜怒，举秤锤投之，中足流血，由是折节从学”。寇准的母亲可谓是一秤锤砸出了一个宰相。

更何况，贾政的打是有深意的。这顿打，宝玉是逃不掉的，因为他们父子二人的冲突由来已久，可以说从宝玉抓周那一刻就已经开始了。面对抓到脂粉钗环的宝玉，贾政说："将来酒色之徒耳。"父子矛盾从此埋下种子。贾政打宝玉实在是积恨已久，对宝玉太失望。我们要清楚的是，贾政打宝玉绝不是因为工作不如意回家耍泼，也不是一时的冲动，他之所以愤怒失望，完全是为整个贾府着想，为的是家族的利益问题。冷子兴在第二回中说"这样钟鸣鼎食之家，翰墨诗书之族，如今的儿孙，竟一代不如一代了"，这种"一代不如一代"的危机感，体会最深的不是王熙凤，更不是探春，而是贾政。贾政深刻明白，家族的发展才是真正意义上的头等大事。他对宝玉的这顿打，可谓是爱之深恨之切。对此，刘再复先生对贾政的评价深得我心："具有家族责任感的贾政，其焦虑是可以理解的。他焦虑的是'家族'，而不是制度。宝玉不是反封建的自觉战士，贾政也不是维护封建制度的自觉卫士，他只是一个自觉的有责任感的家族的优秀子孙。"

作为父亲，贾政深爱自己的儿子，包括死去的贾珠。

听完妻子的哭诉，他"不觉长叹一声，向椅上坐了，泪如雨下"。这"泪如雨下"几个字，何尝不饱含着深厚的父爱与责打过严的悔恨？王夫人哭着喊贾珠的名字，贾政听了，"那泪珠更似滚瓜一般滚了下来"，后来，"自悔不该下毒手打到如此地步"。

谁能不说"打在儿身，也痛在爹身"？

就在打之前，贾政对宝玉的爱，对宝玉的教育，也是放在心上的。

第十七回至十八回，《大观园试才题对额》，贾政有意试宝玉。宝玉“虽不喜读书，偏倒有些歪才情似的”。贾政对宝玉“专能对对联”是欣赏的，只是他放不下“圣人相”。贾政自己也是一个读书人，在蘅芜苑题额的时候，宝玉说出“吟成荳蔻才犹艳，睡足荼蘼梦也香”，贾政立马就说：“这是套的‘书成蕉叶文犹绿’，不足为奇。”这一句引文，蔡义江先生都说“未详何人做，当是明清人句”，出自当时的一本蒙学著作《时古对类》。值得指出的是，他这句话表面否定，实则暗含了对儿子的肯定。刘再复先生的《红楼人三十种解读》中，贾政就在读书人之列。作家董桥也说“试才题对额里说的那些话尽管矫揉造作，到底十足读书人的口吻”（董桥《这一代的事》）。直到第七十七回，贾政带着宝玉、贾环、贾兰去参加社交活动的时候，还说“宝玉读书不如你两个，论题联和诗这种聪明，你们皆不及他”。虽然口吻里瞧不起“这种聪明”，但也从侧面反映了他对儿子是了解的。还有一点就是，他读过书，有诗识。刘再复先生就说：“只要平心而论，都会觉得贾氏这对父子并非等闲之辈，一个有诗才，一个有诗识，两个对长篇歌行都有真知。贾政注意到长诗不可靠辞藻堆砌，这是对的，宝玉说理虽如此，但也要些辞藻点缀，这一见解也是对的。贾政点到‘连转带煞’即注意到长歌转快且要煞得住的难点，而宝玉立即付诸‘实践’，转得干脆利落，难怪众清客要‘拍案叫绝’。”

在“试才题对额”里，有一个细节特别打动我。

父子进大观园，贾政“命贾珍在前引导，自己扶了宝玉，逶迤进入山口”。

这扶着宝玉的父亲，难道不是一个慈父的形象吗？

接下来，一路的题联，贾政句句不满意，实则多有赞赏。这比表面空泛的“你真棒”“你太了不起了”更加实在。

越到后来，贾政越能理解自己的儿子。这是一个父亲最伟大的地方。“近日贾政年迈，名利大灰，然起初天性也是个诗酒放诞之人，因在子侄辈中，少不得规以正路。近见宝玉虽不读书，竟颇能解此，细评起来，也还不算十分玷辱了祖宗。就思及祖宗们，各各亦皆如此，虽有精深举业的，也不曾发迹过一个，看来此亦贾门之数。况母亲溺爱，遂也不强以举业逼他了。”（第七十八回）

是不是挺温暖的一段文字？

《老学士闲征姽婳词》一回，对贾兰的七言绝句，贾政说，“也还难为他”，这是溢于言表的喜欢。不仅如此，在第七十五回中，贾政得知贾珍在学习骑射，便说：“文既误矣，武事当亦该习，况在武荫之属。”他对家族的武事荣耀念念不忘，于是就指派贾环、贾琮、宝玉、贾兰去习射。回到《老学士闲征姽婳词》，贾政对贾环写的五言律的评价是“不甚大错”，说明也是内心满意。对宝玉更是一派慈父的温情：“提笔向纸上要写，又向宝玉笑道：‘如此，你念我写。若不好了，我捶你那肉。谁许你先大言不惭了！’”这个“笑”，正体现了一个父亲的情趣。

不仅如此，贾政对自己的女儿元春也多有怜惜。元妃省亲是元春唯一的露面，很多人对贾政的那一段话多有批评，认为他迂腐。固然贾家不是什么他说的“草芥寒门，鸠群鸦属”，但是字里行间我们依旧可以感受到一个父亲为女儿能成为贵妃而感到的骄傲。只是囿于国礼，不敢抒发而已。就连宝玉见姐姐，不也先要太监引进来先行国礼吗？

我们再留意一下后四十回中的第八十一回。贾政亲自把宝玉送到贾代儒那里，对贾代儒说："我今日自己送他来，因要求托一番。这孩子年纪也不小了，到底要学个成人的举业，才是终身立身成名之事。如今他在家中只是和些孩子们混闹，虽懂得几句诗词，也是胡诌乱道的；就是好了，也不过是风云月露，与一生的正事毫无关涉。"贾政的观点有值得商榷之处，但对宝玉的殷殷之情则不需要怀疑。第八十四回《试文字宝玉始提亲》中，贾政虽然与前面"遂也不强以举业逼他"的做法有点矛盾，但辅导宝玉学业时也是细致入微的。

父亲细心指导儿子的作业，一一举出文章中的不足，出题给儿子的同时，自己也"站着作想"，你见过几个给儿子出作文题自己还站在那里构思的父亲？

当然，这样说未必表示贾政就没有缺点。他最大的问题就是不公平！对贾环，几乎看不出来有半点父爱。"贾环见了他父亲，唬得骨软筋酥，忙低头站住"（第三十三回）。儿子见了父亲吓成这个样子，父亲是有责任的（当然，贾政是一个正直之人，这也是贾环被震慑住的原因之一）。他看见贾环形容猥琐、獐头鼠目，再想到宝玉，更觉得贾环不如人。颜之推在家训里说："人之爱子，罕亦能均，自古及今，此弊多矣。贤俊者自可赏爱，顽鲁者亦当矜怜。有偏宠者，虽欲以厚之，更所以祸之。"这话在今天看来无疑还具有很强的现实意义。

我们常说"父爱如山，沉默不语"，这或许是国人情感内敛的习惯所导致的结果。我们没有办法要求贾政做到像汪曾祺笔下那样“多年父子成兄弟”，更不可能要求他像鲁迅先生笔下的父亲那样“自己背着因袭的重担，肩住了黑暗的闸门，放他们到宽阔光明的地方去；此后幸福的度日，合理的做人”。（《鲁迅全集》）在评价作为父亲的贾政时，即便我们不喜欢，也不能轻易给他贴上“封建顽固”之类的标签。我们在看《白蛇传》时，都讨厌法海，而一旦自己的子女违逆了我们的意志与人发生恋爱（毋庸说“妖精”了），想必我们会表现得比法海更可恶。

不能承受的家族之重

高考结束后到成绩出来前的那几天，我的手机总算处于安静的时候多一些。成绩出来后，手机又开始繁忙起来。因为学生在填报志愿时，常常与父母产生分歧，最后会求助于我。我的学生比较信服我，总是找我，需要我给他们一些建议。在填报志愿方面，我是“兴趣派”，告诉学生，自己喜欢什么就报什么。我甚至还有一个自创的“丐帮”理论：只要你学得好，哪怕乞讨，你都可以成为丐帮帮主。但是家长总是要求孩子报那些他们认为就业形势好的专业，几乎全是工商、经济、财会类，不管孩子喜欢不喜欢、热爱不热爱。如果读书只剩下一个目标，我想那该多无趣啊！

不由得又想到了宝玉，他为什么不爱读教科书呢？他那么爱读《西厢记》，那么爱读小说，想必对《诗经》也一定会喜欢，《诗经》里有那么多描写爱情的文字。可是他不喜欢，甚至反感。想来想去原因恐怕只有一个，那就是读《诗经》的目的只剩下一种：中举。

如果一个社会价值观不能多元化，那么，不管它有多么崇高的目的，我相信这个社会一定有问题。罗素说参差多态，乃幸福本源。宝玉不幸，他的读书目的仅有中举、做官一条，连现在的学生能够选择的工商、管理、财会之类的专业都没有。在他那个时代，与做官目的无关的事情都算不上正经。更可怕的是他的周围全都是持这种观点的人，唯有黛玉除外。

第九回，贾政的清客们见到宝玉上学，奉承说："今日世兄一去，三二年就可显身成名的了。"何以显身成名？就是通过科举考试扬名立万。清客们的看法可以说是代表了整个社会阶层对读书的期望。自然，贾府的丫鬟们也认为读书，确切地说科举是极好的事情。宝玉担心自己读书冷落了袭人，可是袭人却说："这是哪里话。读书是极好的事情，不然就潦倒一辈子，终究怎么样呢？"那么可爱那么受人欢迎的湘云，也劝说宝玉要"留心仕途经济"。从袭人的嘴里得知，宝姑娘也说过一回类似的话。可宝玉都直接怼了她们，他对史湘云说的话够重的："姑娘请别的姊妹屋里坐坐，我这里仔细污了你知经济学问的。"对宝钗呢，"他也不管人脸上过的去过不去，他就咳了一声，拿起脚来走了"。连同在宝玉嘴里"从来没说这样混账话"的林妹妹，也开过一回玩笑："好，这一去，可定是要'蟾宫折桂'去了。"

不仅贾政的清客们和贾府的人如此，秦可卿的弟弟秦钟上学的时候，在其父亲秦邦业看来，也是"秦钟此去，学业料必进益，成名可望"。

其实，在传统的农耕社会，由于家中子女较多，父辈一般会安排其中一个去参加科举考试，另外的则负责习业，这样，进取功名与经世致用可并重，从而保证家庭“富”“贵”兼得。尽管贾府有贾环可以去习业（实际上他完成不了），宝玉仍然不能承受家族之重，因为他承担着贾府延续兴旺的重担。而要实现这一目标，读书中举是他唯一的路。

很不幸，这份重担本属于他的哥哥贾珠。可是命不由人，贾珠早逝了。

那么，那些已经成人的叔伯和兄弟又怎么样呢？

看看贾府的男人们吧，哪里还有半点“翰墨诗书之族、钟鸣鼎食之家”的样子。冷子兴说：“主仆上下，安富尊荣者尽多，运筹谋画者无一……如今的儿孙，竟一代不如一代了！”

宁国府贾敬，“袭了官，如今一味好道，只爱烧丹炼汞，馀者一概不在心上”。“只在都中城外和道士们胡羼”；贾珍，“那里肯读书，只一味高乐不了，把宁国府竟翻了过来”，斗鸡、走马、赌博这样的事情却很在行；贾琏呢，兴趣都在女人身上；晚一辈的贾蓉，没有世袭的资格，本来和宝玉一样要承担起延续宁国府辉煌的重担，可是一味游荡，“不喜正务”。荣国府呢，也好不到哪里去。贾赦，“为人却也中平，也不管理家事”；贾政，“自幼酷喜读书，为人端方正直”，原本他的祖父贾源要他科举出身，可是父亲贾代善临终遗本一上，皇上怜恋先臣，给他赐了一个额外的主事之衔，后来还升为员外郎，这算是唯一的家族优秀子孙了；贾环呢，“人物委琐，举止荒疏”，贾政见到他就心烦，根本就不是读书的材料，连不懂诗的贾母都知道他作的诗不好（其实宝玉、贾环、贾兰的诗都不好）。到宝玉这一代，连袭官的资格都没有了。“赫赫扬扬，已将百载”的贾府，何以延续这样的辉煌？

路，只剩下一条：科举考试。人，只剩下一个：贾宝玉。

这便是贾宝玉的宿命。他的面前，没有其他的路可走。

所以，宝玉的读书注定是一次负重前行的苦旅。我对后四十回之所以不满，并非因为宝玉参加了科举——他在那样的环境里，不去考是说不过去的——而是因为他的成绩太好了。对他来说，考不上才是正常的。

其实，宝玉的这种宿命在我的学生身上也处处显现。

他们和宝玉有着近乎相同的使命：延续或者振兴家族(庭)。但他们比宝玉更苦，他们的压力比宝玉更大。

因为宝玉所要参加的考试并不多，即便在后四十回里如我所想去参加科举考试，最后的结果失败了，也只是一次性的失败。可是，我的学生在12年的基础教育中，有着无数次的考试、无数次的压力。如果考不好，他们会一直生活在亲朋尤其是最爱自己的父母的鄙视里；即便考得好一点，他们也会被时时告诫不可骄傲，须继续努力。

我的学生中有一部分是计划生育制度下的独生子女，他们和宝玉一样，是家里的宠儿。父辈在创业辛苦、守成艰难的压力之下，特别渴望子女能够走一条功成名就的捷径。孩子还在读七年级，就开始筹划高中生涯，每一场重要考试，不仅父母亲临，连祖父母、外祖父母也要到场。这么多双殷切期盼的眼睛，何尝不是让孩子感到惊恐万分的噩梦?

读书没有错，但天下只剩读书一条路，就很不正常；将读书看作成就功名的工具和跳板，更会使孩子对读书充满厌恶。这样的教育是我们期望的吗?

国子监祭酒李守中的家教观

李纨的第一次出现，是在第四回。

“这李氏亦系金陵名宦之女，父名李守中，曾为国子监祭酒，族中男女无有不诵诗读书者。至李守中承继以来，便说‘女子无才便是德’，故生了李氏时，便不十分令其读书，只不过将些《女四书》《列女传》《贤媛集》等三四种书，使他认得几个字，记得前朝这几个贤女便罢了，却只以纺绩井臼为要。……居家处膏粱锦绣之中，竟如槁木死灰一般，一概无见无闻，惟知侍亲养子，外则陪侍小姑等针黹诵读而已。”李纨的出场，如果不仔细分析，很容易给人留下“槁木死灰一般”的印象。可是，她真的只读过“三四种书”吗？国子监祭酒的父亲是这样教育女儿的吗？未必。

先来看看国子监祭酒是干嘛的。这个官职是当时最牛的学官，相当于北大或清华的校长，或者直接等同于教育部部长之类。这个官不是谁都可以当的。书法家协会主席不懂书法没关系，农业部部长不懂播种施肥也无妨，卫生部部长不懂怎么输液也合常理，但是国子监祭酒既然是个“学官”，首先得是个“学人”，也就是文化人。做过这一职务的名人还真不少。唐宋八大家之首的韩愈、明代理学家湛若水、贪官严嵩、明代著名首辅徐阶都做过国子监祭酒，还有清朝那位发现甲骨文的王懿荣，也是国子监祭酒。

因此，李守中肯定是个文化层次不低的人。

另外，原文中有句话值得推敲一下：“族中男女无有不诵诗读书者。”这句话，说明李家有读书的风气，且不分男女，这是一个优良的传统。一旦形成了传统，想要一下子甩掉，是不大可能的。事实上也是如此，李家除了李纨之外，还有两位李纨的堂妹，一位叫李纹，另一位叫李绮。第五十回，《芦雪庵争联即景诗》中，李氏三姊妹都有表现。凤姐一句“一夜北风紧”之后，李纨接“开门雪尚飘”，李绮以“年稔府粱饶”接探春的“价高村酿熟”，李纹则以“阳回斗转杓”接李绮的“葭动灰飞管”。王小波先生在文章里吐槽这些颂圣的句子不是林黛玉和史湘云的，而恰恰是李纨和李绮的。自然，李氏姊妹的句子难与林黛玉、史湘云、薛宝钗这些学霸学神一争高低，但确实可以从中看出“族中男女无有不诵诗读书者”不是假话。更何况，李纹还写过一首《咏红梅花》诗：

白梅懒赋赋红梅，逞艳先迎醉眼开。
冻脸有痕皆是血，酸心无恨亦成灰。
误吞丹药移真骨，偷下瑶池脱旧胎。
江北江南春灿烂，寄言蜂蝶漫疑猜。

当时的社会风气，是“贵族官宦、文人士子家庭的女子大都享有接受文化教育的机会，至少都能接受启蒙教育”（《中国古代文学与教育之关系研究》郭英德主编）。清人施闰章也说：“古士大夫家女子之生也，多学诗书，受姆训，幼而习之。”

也就是说，李守中在家教方面不仅仅是让孩子们读《列女传》《贤媛集》，还很有可能让她们诵诗读书。

第三十七回，探春要起诗社，李纨说“要起诗社，我自荐我掌坛。前儿春天我原有这个意思的。”自荐掌坛，说明她很自信自己的诗歌欣赏能力。写诗的未必会评诗，评诗的也未必会写诗。诗歌欣赏不是一件简单的事情，需要很强的文化积淀。李纨也许不会作诗，但从她给大家评诗的事实来看，她确实懂诗。

不仅如此，在大观园里，她貌似一位“带头大姐”，仿佛干着班长的活儿。大家要起诗社，邀请王熙凤出任“监社御史”，王熙凤开玩笑说，无非就是要她出钱。她对李纨说“亏你是个大嫂子呢！把姑娘们原交给你带着念书学规矩针线的”，并交给李纨带着念书（有版本做“教给”）。听听这话，只是简单读过《列女传》《贤媛集》之类的女人能够胜任带着黛玉、宝钗这样的姑娘念书吗？

只有一种可能，李纨有自学的习惯，并且有文化基础。那么，她到底读过哪些书呢？

第五十一回，大家讨论宝琴最后两首关于《西厢记》和《牡丹亭》的怀古诗。李纨说了一段话：“况且他原是到过这个地方的。这两件事虽无考，古往今来，以讹传讹，好事者竟故意的弄出这古迹来以愚人。比如那年上京的时节，单是关夫子的坟，倒见了三四处。关夫子一生事业，皆是有据的，如何又有许多的坟？自然是后来人敬爱他生前为人，只怕从这敬爱上穿凿出来，也是有的。及至看《广舆记》上，不止关夫子的坟多，自古以来有些名望的人，坟就不少，无考的古迹更多。如今这两首虽无考，凡说书唱戏，甚至于求的签上皆有注批，老小男女，俗语口头，人人皆知皆说的。况且又并不是看了‘西厢’‘牡丹’的词曲，怕看了邪书。这竟无妨，只管留着。”

她提到了一本书《广舆记》，这不是一本普通的文学著作，而是一本极其专业的地理书。这本书，我目前还没有见到过。可见李纨的阅读非常广泛。至于“西厢”“牡丹”，黛玉说，“咱们虽不曾看这些外传，不知底里，难道咱们连两本戏也没有见过不成”？所以其实也都是看过的。

所以，李纨哪里是“槁木死灰”之人？李守中的家教恐怕被曹翁无形中打了折。其实他们家的家风，正是读书人的家风啊！

宁国府的家风

家风这个词不知道是从什么时候开始流行的。

从北京的高考题，到国家领导人的讲话，再到央视的播报，一夜之间，家风“刮”过大江南北。

确实，家风端正，子弟受惠。

有以“勤俭”二字为家风的，有以“耕读”二字为家风的，也有以“从来简俭是家风”“从来家风是清白”的诗句表明家风的。世族大家若不重视家风的建设，便逃不出“君子之泽，五世而斩”“其兴也勃焉，其亡也忽焉”的兴旺周期律。

《红楼梦》中的宁国府，甚至整个贾府，非常不幸，都没逃过这一周期律。

从“创一代”的宁国公和荣国公，经人旁代字辈，到曾任京营节度使的宁国公贾演之子贾代化，到反文旁的敬、赦、政字辈，再到玉字旁的珍、琏字辈，草头的蓉、兰字辈，除了贾兰之外，这一家族真如冷子兴说的“一代不如一代”。不懂内情的贾雨村老师还说什么“这样诗礼之家，岂有不善教育之理？别门不知，只说这宁、荣二宅，是最教子有方的”（第二回）。哪里是这么一回事呢！

整个贾府的家风就两个字：奢，淫。尤其是宁国府。脂砚斋在甲戌本上第十三回的批语就是“贾珍尚奢”。

宁国府第三代贾敬算是不错的人物了，曾是中丙辰科的进士，“如今一味好道，只爱烧丹炼汞，余者一概不在心上”“只在都中城外和道士们胡羼”。而袭了官位的贾珍又如何呢？“这珍爷那里肯读书，只一味高乐不了，把宁国府竟翻了过来，也没有人敢来管他。”好吧，你也许会说这是别人的评价，当不得真。那我们看看贾珍的作风吧。

儿媳妇秦可卿去世了，众人问他如何料理，他说：“不过尽我所有。”见父亲不管，便“恣意奢华”，还对协理宁国府的凤姐说：“只求别存心替我省钱，只要好看为上。”（第十三回）儿媳妇病的时候，医生来坐诊看病，可卿换衣服，作为公公的贾珍说：“孩子的身子要紧，就是一天穿一套新的，也不值什么。”至于要吃人参，凤姐也说：“别说一日二钱人参，就是二斤也能够吃的起。”秦可卿最后死了，“拿一千两银子也没处买去”的“厚八寸，纹若槟榔，味若檀麝，以手扣之，玎珰如金玉”的棺木，“大家都奇异称赞”。整个丧葬过程，场面之大，开销之奢，恐怕是常人无法想象的——“把银子都花的跟淌海水似的”。

再来看看宁国府的另一家风：淫。

“漫言不肖皆荣出，造衅开端实在宁”，宝玉同学的人生第一次春梦和第一次梦遗居然就在秦可卿的床上。“初试云雨情”就这样发生在宁国府。宝玉第一次见秦钟同学，“二人你言我语，十来句后，越觉亲密起来”，于是便有了后来家塾里的“龙阳之嗜”。贾瑞遇见凤姐，这么大的贾府，偏偏也在宁国府的园子里。好吧，贾琏同学是彻彻底底的荣国府人，人家娶个二房也和宁国府的贾蓉有扯不清、掰不开的关系，“却不知贾蓉亦非好意，素日因同他姨娘有情……如今若是贾琏娶了，少不得在外居住，趁贾琏不在时，好去鬼混之意”（第六十四回）。注意，此时此刻，贾蓉的亲祖父贾敬刚刚过世，出殡未葬。

贾珍因居丧，“日间以习射为由，请了各世家弟兄诸富贵亲友来校射”，并“天天宰猪割羊，屠鹅戮鸭，好似临潼斗宝一般”。“贾珍不肯出名，便命贾蓉做局家。”每读《红楼梦》至此，便想起汪曾祺先生的“多年父子成兄弟”一说，觉得贾珍贾蓉真的是“多年父子成酒肉朋友”。

除此之外，不得不提脂砚斋老师“命芹溪删去‘遗簪’‘更衣’诸文”和“用史笔”的“秦可卿淫丧天香楼”，以及大字报贴到荣国府大门的“西斤草贝”“窝娼聚赌是陶情”。

所谓的诗礼之家，一桩桩、一件件，不堪入目。芝兰玉树自然是与他贾府无缘了，尤其是宁国府。

这股风气也吹到了荣国府。“不务正业的语文学霸”宝玉同学，年纪轻轻就和表哥学困生薛蟠同学讨论起庚黄（唐寅）的“春宫图”来，他未免知道得太多了吧！

早年的宁国府可不是这样的。

贾府的资深老奴赖嬷嬷指着宝玉说：“不怕你嫌我，如今老爷不过这么管你一管，老太太护在头里。当日老爷小时挨你爷爷的打，谁没看见的。老爷小时，何曾像你这么天不怕地不怕的了。还有那大老爷，虽然淘气，也没像你这扎窝子的样儿，也是天天打。还有东府里你珍哥儿的爷爷，那才是火上浇油的性子，说声恼了，什么儿子，竟是审贼！如今我眼里看着，耳朵里听着，那珍大爷管儿子，倒也像老祖宗的规矩，只是管的到三不着两的。他自己也不管一管自己，这些兄弟侄儿怎么怨的不怕他?”（第四十五回）

这段话信息量很大。第一，当年贾代善管贾赦、贾政的时候，是下了功夫的。只是效果如何，另当别论。第二，贾代化管贾敬，那是下了狠功夫，“天天打”，才打出了一个“丙辰科进士（另有乙卯年进士一说）”。这在当时，算是很有效果了。可谁曾想，一代不如一代。

中国人历来重视家教。从魏晋南北朝的《颜氏家训》，到口口相传的立身处世名言，都有颇值得我们借鉴的家教要义。但凡逃过“君子之泽，五世而斩”这个周期律的，一定是注重家风的家族，一定也是爱读书的家族。比如以曾国藩为代表的湖南曾家，以梁启超、梁思成先生为代表的新会梁家，以陈寅恪先生为代表的修水陈家，以南怀瑾先生为代表的乐清南家等。再比如钱家，就是钱锺书的钱家，钱三强、钱伟长、钱学森的钱家，对，也是钱穆的钱家，诺贝尔化学奖得主钱永健的钱家，国务院副总理钱其琛的钱家，他们也都有着好学严谨的家族传统。

一千多年来，钱家从吴越王钱镠开始，名士辈出。各行各业几乎都有钱家的优秀子弟。他们的家风很值得我们学习。钱镠的后人把他的遗嘱以及言行整理成了《钱氏家训》，其中分个人、家庭、社会、国家等几大块内容。每有新生儿诞生，全家便一起恭读《钱氏家训》。这种家族的荣耀感、仪式感对儿童的熏陶长久而深远。

而宁荣两府的族长们却没有人关注这个。在道观中“胡羼”的贾敬根本不理家风如何，贾赦一副纨绔子弟的模样，贾政自视清高，懒于“俗务”。殊不知，教育子弟才是一个家长最大的事业，多少人虽然功成名就，却养着一个失败的孩子，只好终身抱憾，这样的例子，古今中外还少见吗？

读书少还不管教，你想上天吗？

古董商冷子兴拥有一双旁观冷眼。他说宁荣二府“如今的儿孙，竟一代不如一代了”。贾雨村说：“这样诗礼之家，岂有不善教育之理？”可其实，诗礼之家真就有不善教育的。

贾王史薛四大家族中，王家算是最不会教育的。

荣国府贾政这边，家风还算不错。薛家也算是诗礼之族。薛宝钗说：“我们家也算是个读书人家，祖父手里也爱藏书……诸如这些‘西厢’‘琵琶’以及‘元人百种’，无所不有。他们是偷背着我们看，我们也是偷背着他们看。”史家有一代表史湘云，外加一老太太，都算是品位极高的人，也读过书。

唯独王家，很奇怪，读书的不多。

王家人，前后出现得不多，大抵这么几个：王熙凤，王夫人，薛姨妈，王子腾，王子胜，王仁。

王熙凤，应该上过学，但读书不多，是贾母说的那种“不做睁眼瞎罢了”的人。虽然薛宝钗说，“世上的话，到了凤丫头嘴里也就尽了，幸而凤丫头不认识字，不大通”，不过，王熙凤还是应该认得一些字的。

秦可卿死后，王熙凤走马上任，“凤姐即命彩明钉造簿册，兼要家口花名册来查看”。这说明她是识字的（第十四回）。但是，需要念的时候，常常由彩明代劳。“便吩咐彩明念花名册”（第十四回），“便叫平儿拿出《玉匣记》着彩明来念”（第四十二回）。还是第十四回，胞兄王仁连家眷回南，“一面写家信禀叩父母”。这个信，是不是凤姐本人写，令人生疑。即便是，她也只能写一写简单的家书。第七十四回，抄检大观园时，抄到了司棋的情书。有七八十来个字吧，凤姐从头念到尾。到了第一百零一回，她抽到“王熙凤衣锦还乡”，虽“也不甚明白”，但认得。

至于写诗，凤姐外加两位姑妈，是断断不会的。

这不符合施闰章老师说的“古士大夫家女子之生也，多学诗书，受姆训，幼而习之”。芦雪庵争联即景诗，凤姐“想了半日”，还只有一句话“一夜北风紧”。

再看薛姨妈，宝钗那种随时流露出的“你我只该做些针黹纺织的事才是”的思想，只能源于她的母亲。薛姨妈肯定也不读书。第一百零八回，老太太给宝钗庆生，鸳鸯行令，要薛姨妈说个曲牌名儿，下家接《千家诗》中一句。薛姨妈说：“你又来算计我了。我哪里说得出来。”一来，薛姨妈当即说不出曲牌名儿，二来，她也怕自己是下家的时候说不出《千家诗》。所以，她说出来的不是曲牌名儿，而是“骨牌副儿”的“临老入花丛”。

要知道，《千家诗》只不过是诗歌的启蒙读物。由此可见，王家不注重女人的读书。

再说王夫人。第三回，薛蟠打死人，王子腾写书信过来，“王夫人与王熙凤在一处拆金陵来的书信看”（第三回）。第一百一十八回，贾政寄回一封家书，贾兰交给王夫人，王夫人可以看懂。前八十回中，很少出现王夫人读书识字的场景。

邢岫烟嫁薛蝌，宝玉埋汰宝钗，说她“没请亲唤友”，宝钗说：“王家没了什么正经人。”这话的意思，除了王子腾其他都不是正经人。王子胜无能，王仁更不必说，从名字里就能体现出来是个“忘仁”的混蛋。

真的没有什么正经人了吗？

王子腾，王家最重要、最核心的人物，也是四大家族中除了元妃外最能左右四大家族命运的人物，官拜京营节度使、九省统制、都检点。可以说，他是王家的族长，本来负有对子侄管教的责任，可是“呆霸王”打死人后，他遣家内人告知薛姨妈，“意欲唤取进京之意”，没有半句批评。

进京后，薛蟠最怕的不就是舅舅王子腾吗？但是，没见王子腾管教过他。

鲍二家自缢后，王熙凤阻止鲍二家的娘家亲戚申诉，凭借的就是王子腾的势力。王子腾不仅疏于对侄女管教，还帮她作恶。

当年的王家，到底是什么架势？

元妃省亲，赵嬷嬷与凤姐聊天，赵嬷嬷回忆贾府在姑苏扬州监造海舫，凤姐“忙接道”：“我们王府也预备过一次。那时我爷爷单管各国进贡朝贺的事，凡有的外国人来，都是我们家养活。粤、闽、滇、浙所有的洋船货物都是我们家的。”（第十六回）“把我王家的地缝子扫一扫，就够你们过一辈子呢。”（第七十二回）这样财大气粗的家族，怎么这么不注重子女的教育和读书呢?

确实，王家的家风（王夫人、薛姨妈都不甚读书）也许与“都太尉统治县王公”（王子腾之父）有关，但王家的衰败与王子腾疏于管教子侄恐怕也是有着莫大的关系。

古人云：积善之家，必有余庆；积不善之家，必有余殃。几百年人家，无非积善；第一等好事，还是读书。这些句子，王家别人不知，王子腾的父亲、王子腾自己不可能不知。即便自己是武官，古人的一些家书，他也应当是读过的。并且，他完全可以通过家书的形式管教子女。曾国藩写了1500多封家书，梁启超更是写了2000多封家书，对其家族风气的形成产生了积极的影响。

也许王子腾没有明白能否立于不败之地最终并非取决于权位的高低，而是取决于子孙的贤愚。王子腾固然没有坑爹的儿子，可是，他有坑叔的侄女、侄子，还有坑舅的外甥。

摊上赵姨娘这样的妈

北宋文坛盟主欧阳修老师的母亲去世时，清江县令李观奉太守之命写祭文。李观大笔一挥，写了20个字：“昔孟轲，亚圣，母之教也。今有子如轲，虽死何憾？尚飨。”

发个微博都嫌短，可真不愧是最短祭文。

李观认为，欧阳修老师的成功和孟轲先生一样，都得益于良好的母教。孟轲先生自不必多说，“昔孟母，择邻处”这句话的典故就出自他母亲。欧阳修四岁就失去了父亲，也是全靠母亲郑氏抚养，其“画荻教子”的故事人人皆知。有一篇《泷冈阡表》的传世名文，说的是欧阳修贬官，“太夫人言笑自诺”，真是位了不起的大女子。这样的母教传统，在中国可谓不胜枚举。“四大名母”中，除去孟母、欧母，还有陶侃的母亲、岳飞的母亲，她们都是母教的典范。另外，如苏轼的母亲，“生而志节不群，好读书，通古今，知其治乱得失之故”。这些都是成功的例子。成功的例子我们可以记住，但是失败的例子，我觉得更值得借鉴。

同样，《红楼梦》中的母教，有成功的，也有失败的。

先说失败的例子。如果要搞一个《红楼梦》中母教失败例子的投票，我猜赵姨娘贾环母子、薛姨妈薛蟠母子一定排在最前面。有关薛姨妈的育儿事，我们在《薛姨妈的教子观》中有过详细的叙述，这里就不多说了。今天，我们不妨谈谈赵姨娘与贾环这对母子。

不记得是哪位红学家说过，《红楼梦》中那么多人物，曹雪芹最讨厌的可能就是赵姨娘了，下笔时几乎没有流露过半点的好感。这话大抵没错。作为一个母亲，赵姨娘对儿子贾环的不成器负有极大的责任。

第二十回中，贾环和丫鬟们玩一种“赶围棋儿”的游戏。轮到他掷骰子时，偏偏如了莺儿的命，掷出个“幺”来，他要的“六——七——八”自然也就没有了。后贾环不肯付钱给莺儿，莺儿就说了一句“一个作爷的，还赖我们这几个钱，连我也不放在眼里”，顺便还拿宝玉对比了一番。谁知道这下把贾环给惹哭了。当他回到母亲赵姨娘面前的时候，赵姨娘的第一句话就是：“又是那里垫了踹窝来了？”

这是全书赵姨娘出场的第一句话。这话非比寻常啊！

垫踹窝是什么意思？供人践踏，代人受过。细细品味这句话，真有种无言以对的感觉。儿子哭了，她没有俯下身子以平视的目光和儿子对视来交流问题，而是出口就问在哪里供人践踏、代人受过。关键是，她还加了一个“又”字，仿佛自己的儿子一直“供人践踏，代人受过”。真是这样吗？不是。莺儿说了，“一个作爷的”，在丫鬟们的眼里，贾环是主子。宝钗呢，前文更是有一句“宝钗素习亦看他如宝玉”，她出来调和的时候，也是护着贾环。贾环说“都欺负我不是太太养的”，我记不住自己在读第几遍时曾批注道：“贾环之悲剧根源也。”后来才发现自己大错特错。事实上，贾环回答母亲的话是：“同宝姐姐玩的，莺儿欺负我，赖我的钱，宝玉哥哥撵我来了。”

这句话涉及三个人，其中莺儿和宝玉，说得轻一点是被冤枉的，说得重一点是贾环在污蔑他们。然而赵姨娘不明是非，先入为主地认为贾环垫踹窝：供人践踏，代人受过。

那么，丫鬟们平时欺负贾环吗？

我找不出证据来，至少暂时想不起来。

赵姨娘的那句话，字里行间满是嘲讽奚落，看不到半点安慰，听不出半点母爱。再来看一看宝玉与王夫人的相处。宝玉因为父亲管得严，平日不敢喝酒。舅舅王子腾生日那天，他喝了酒，回来见到自己的母亲，便“一头滚进王夫人的怀里”，王夫人“用手满身满脸地摩挲抚弄他”。舐犊情深，可见一斑。

贾环生活在这样的母亲身边何来安全感呢？在这样的环境里，他怎么敢说真话呢？他只好撒谎。

于是有了他母亲的第二句话：“谁叫你上高台盘去了？下流没脸的东西！那里顽不得？谁叫你跑了去讨没意思！”

一个几岁的孩子，在母亲面前直接接受这样的辱骂，他幼小的心灵该受到多大的伤害啊！难怪王熙凤直接怼赵姨娘：“环兄弟小孩子家，一半点儿错了，你只教导他，说这些淡话做什么！”王熙凤说到了点子上。孩子有错，母亲可以教导。王熙凤又说贾环：“你不听我的话，反叫这些人教的歪心邪意，狐媚子霸道的。”

“这些人”是谁，不言而喻。

有一个问题：同样是赵姨娘的孩子，探春怎么就不像贾环那样呢？很简单，因为探春是跟在贾母身边的，并且一直在读书。她和贾环有着天壤之别。

这就是受没受过教育、读没读过书的重要区别吧！

赵姨娘出场，回目是《王熙凤正言弹妒意》，谁的妒意？赵姨娘。于是乎，到了第二十五回，赵姨娘的妒意明白无误地遗传给了贾环。贾环嫉妒宝玉，“素日原恨宝玉……都每每暗中算计，只是不得下手，今见相离甚近，便要用热油烫瞎他的眼睛”。贾环的行为已不是嫉妒，而是用心歹毒了。果然，在此之后，有了煞是好看的文字《魇魔法姊弟逢五鬼》——全然是赵姨娘歹毒心灵的描绘。

现在我们明白了：孩子是会遗传家长的品行的。

什么样的家长会养育出什么样的孩子。贾环在老师的眼里肯定也不是个好学生。贾政、王夫人不在家时，他“连日装病逃学”（第六十回）。这些，赵姨娘也不管吗？

如果说贾环的这些毛病是由于赵姨娘没有教导好，那么，第五十五回中的《辱亲女愚妾争闲气》可真就应了回目上的这个“愚”字。第六十回《茉莉粉替去蔷薇硝》中，赵姨娘居然亲自出马，到宝玉的怡红院对芳官兴师问罪，又骂又打。所有这些都说明了一个问题：赵姨娘的智商、情商均有问题。

也许会有人替赵姨娘打抱不平。说实在的，我也一度替她不平。一夫多妻制让赵姨娘没有地位，她得争，就像后宫里的女人一样，否则就会像影子一样活在偌大的贾府。是的，她固然可恨，但也确实可怜啊！最后死得那么凄惨。

可是，后来当我再一次读《红楼梦》的时候，就没法替她抱不平了。妾的地位尽管卑微，被人瞧不起，可也能做到善良。不知道为什么，每次读到赵姨娘悲凄的下场，我总是想起《大宅门》里的杨九红。

记得马瑞芳老师在书里有一个推测，赵姨娘的出身可能极其不入流，所以引得贾母的不喜欢。贾母甚至骂她是“淫妇”（第二十五回），这样说来，赵姨娘有可能是烟花巷中人。

杨九红卑微吧，可这位曾经的妓女从没害过人，她为了赢得亲生女儿的抚养权，简直就是“费尽移天心力”。白府上下除了老太太之外，其他人都和她关系不错。

好吧，也许这个对比不是特别恰当。不过，同样是作妾的周姨娘，品行却十分端正。赵姨娘的所作所为，女儿探春看得清清楚楚，她曾经带着又像劝说又像责备的语气对赵姨娘说：“何苦自己不自尊重，大吆小喝失了体统。你瞧周姨娘，怎么不见人欺她，她也不寻人去？我看姨娘且回房去煞煞性儿，别听那些混账人的挑唆，惹人笑话，自己呆，白给人作粗活。”甚至当赵姨娘最后暴病的时候，探春主动留下来照顾她。此时，赵姨娘的儿子呢？他居然“急忙问：‘我也要在这里吗？’”真的令人寒心。

赵姨娘如此的下场，一句话，是她家教失败所导致的。

她是得争，可是她已经争到了很多。她争到了贾政的——不说爱，最少也是宠吧，不然，怎么会有两个孩子呢？她不明白的是，她最应该争取的是把儿女教导好！她有这样的机缘，有这样的条件，就是没有这样的决心和能力。于是，她付出了沉重的代价。

他到底是一个怎样的父亲

《红楼梦》里有一位从来没有露过面的父亲，他为孩子所做的事情也值得探究。可惜故事开始的时候，他就已经不在了。他就是荣国府的第二代掌门人贾代善。

贾代善第一次出现，是在书中的第二回《冷子兴演说荣国府》。冷子兴透露了一条重要的信息。他说："自荣公死后，长子贾代善袭了官，娶的也是金陵世勋史侯家的小姐为妻，生了两个儿子：长子贾赦，次子贾政。如今代善早已去世，太夫人尚在，长子贾赦袭了官；次子贾政，自幼酷喜读书，祖、父最疼，原欲以科甲出身的，不料代善临终时遗本一上，皇上因恤先臣，即时令长子袭官外，问还有几子，立刻引见，遂额外赐了这政老爹一个主事之衔，令其入部习学，如今现已升了员外郎了。"贾代善和贾母共有三个儿女，长子贾赦，次子贾政，女儿贾敏。

这个父亲，有很多令人想不通的地方。

贾赦是代善的长子，名字中含有一个"赦"字。按照取名的一般规则，这个名字不是荣国公所起就是代善所起。赦，意思之一是宽免罪过，难怪太平闲人在批语中说：“罪人邀恩得释曰赦，则赦言罪人也，故字恩侯。妻邢氏，刑也。恩侯，因恩而有地位。”好在“赦”还有一个宽容的意思。不得不说，代善为儿（或许是祖父为孙）取名的方式实在令人匪夷所思，仿佛预设了他“交通外官依势凌弱革去世职”的结局。与贾政的“假正经”形成了极强的讽刺意味。贾赦作为长子，袭官是理所当然的。他承袭的是一等将军，在清代王公爵位二十七等级中，一等将军的地位甚高。可是，我们既看不到贾赦征战疆场，也看不到他骑马习射，没有半点将军的威仪风度，才能、品格、作风丝毫不能与爵位相称。另外值得一提的是，贾赦欲强娶鸳鸯，只因对方不同意，便亲自对鸳鸯的哥哥说：“‘自古嫦娥爱少年’，他必定嫌我老了。大约他恋着少爷们，多半是看上了宝玉，只怕也有贾琏。果有此心，叫他早早歇了心，我要他不来，此后谁还敢收？此是一件。第二件，想着老太太疼他，将来自然往外聘做正头夫妻去。叫他细想，凭他嫁到谁家去，也难出我的手心。除非他死了，或是终身不嫁男人，我就服了他！”一股小人与中年油腻大叔的恶心口吻，令人生厌。袭人算得上是驯良的仆人，但她也骂贾赦：“这个大老爷太好色了，略平头正脸的，他就不放手了。”

贾赦看中了石呆子手中的古扇，上面都是古人的书画真迹。贾赦知道后先是吩咐贾琏找到石呆子，出重金购买。扇子是石呆子的传家宝，他执意不卖。贾赦恼羞成怒，勾结贾雨村，诬陷石呆子“拖欠官银”，将他拘押，并且抄没家产。石呆子被弄得家破人亡，古扇最终归了贾赦。刘再复先生对贾赦有一个入木三分的评价：“此人既无武功，又无文功，既无学问，又无道德，接近于废物，但他却不仅身居高位，而且怀有一种无休止地占有一切的贪欲贪婪之心。这种本事很小、野心很大、心胸狭窄、欲求很高的尴尬，是一种普遍性的尴尬，至少在世俗贵族、世俗官僚中是一种普遍性的尴尬。中国很有智慧的先贤，用‘志大才疏’来形容这种尴尬。其所谓的志，乃是一种不知满足的权力意志即囊括天下财富女色于一身的狂妄大志；可惜其所谓才，则等于零。《红楼梦》文本中所谓的‘国贼禄鬼’，他就是一个典型。”

从贾赦的一系列作为可以看出，他的胡作非为绝不是一时的兴起，而是打小就养成的恶劣品性的必然表现。子不教，父之过，作为父亲，贾代善难辞其咎。

可惜曹翁没有写贾赦的正房婚姻情况，邢夫人只是他的填房，且在整部小说中只是一个“尴尬人”的形象。论家境，邢夫人娘家虽不能和贾府相比，但也称得上是富户之家。她的弟弟邢大舅对贾珍抱怨说：“我邢家的家私也就够我花的了。”可惜贾赦的正房没有福分，死得太早。从门当户对的角度看，邢夫人和她的家庭出身，不会给贾赦带来任何事业上的帮助。

据冷子兴说，贾政“自幼酷喜读书，祖、父最疼”，而事实却是“我自幼于花鸟山水题咏上就平平；如今上了年纪，且案牍劳形，于这怡情悦性文章上更生疏了。纵拟了出来，不免迂腐呆板，反不能使花柳园亭生色”。贾政爱读的大概就是“四书五经”，甚至“五经”中的《诗经》都不喜欢。他要李贵转告贾府私塾的贾代儒老师：“什么古文，一概不用虚应故事，只先把

‘四书’一气讲明背熟是最要紧的。”可想而知，他对课外阅读持反感的态度。

当然，从代善的安排中还是能看出他的一番匠心：长子贾赦袭官，得到的是政权；次子贾政得到的是荣国府府邸，是财权；而最好的安排应该是将贾敏嫁给前科探花，代善这是看中了女婿的无量前途，这恐怕与他只有一个女儿有关吧。黛玉进贾府的时候，贾母就搂着黛玉说：“我这些儿女，所疼者独有你母。”看来这话不是随意说说的。女婿是钦点巡盐御史，升至兰台寺大夫，也是五世列侯，钟鼎之家、书香之族。可惜的是这对夫妻都是薄命之人，无法消受人间福分。

回到贾代善的育儿方法上来。透过点滴信息，我们可以推测他的育儿方式，有时简单粗暴，有时和风细雨。

赖嬷嬷对贾宝玉说过：“当日老爷小时挨你爷爷的打，谁没看见的。老爷小时，何曾像你这么天不怕地不怕的了。”这句话有两层意思，一是贾政小时候没有宝玉这么“熊”，二是说贾政小时候也挨过贾代善的打。从赖嬷嬷的语气中可以看出，代善对贾政的惩罚一定很严厉。于是我们又有了两种推测：一是贾赦挨的打比贾政还要多，还要厉害，因为他肯定比贾政更“熊”；二是贾代善对贾赦不管不顾。这两点都说明了同一个问题：贾赦没有被教好！

不过，有一句话值得留意。宝玉挨打时贾母说：“你说教训儿子是光宗耀祖，当初你父亲怎么教训你来！”听这口吻，仿佛代善对贾政的教育是和风细雨的。联系上文提到的赖嬷嬷的话，好像并不是这样，至少是打过，但没有贾政打宝玉这么厉害。所以，估计这也就是在宝玉被打得“面白气弱，底下穿着一条绿纱小衣皆是血渍，禁不住解下汗巾看，由臀至胫，或青或紫，或整或破，竟无一点好处”的对比之下的话语，不能全部当真。但冷子兴所说的贾政“祖、父最疼”之类的话，表明代善肯定有温情的时刻。看来，贾代善是一位严慈相济的父亲。

如此看来，贾代善对贾赦、贾政、贾敏兄妹三人的教育，仿佛有一个时间轴，当子女越来越多的时候，他对孩子们的关注也就越来越多。或者说，当父亲也需要不断学习。贾赦出生的时候，代善没有什么育儿经验；越往后，他对子女的关注也就越多，对子女的“职业规划”也越来越到位。还是应了那句名言：父母好好学习，子女天天向上。

夫妻关系才是家教的核心

在贾府，如果用一句话来概括对宝玉的家庭教育，那就是“父严母慈”。严父慈母貌似理想的搭配，可以体现“刚柔并济”“一个唱白脸一个唱红脸”，可事实却往往是这种搭配很容易使孩子形成“双重人格”。贾政夫妻对宝玉就是两个“过度”：贾政对宝玉严厉、冷酷过度。《大观园试才题对额》里，在园中戏耍的宝玉遇见了贾珍，告诉他老爷要来，宝玉“带着奶娘小厮们，一溜烟就出园来”。好像是老鼠见了猫，唯恐避之不及。类似于垂首挨门听训于严父的场景，在书中不胜枚举。最厉害的当然是《不孝种种大承笞挞》里的“拿宝玉！拿大棍！拿索子捆上！”全书极为精彩的这一段“胖揍”的描写。

而以王夫人为代表的一群女性，包括贾母和丫鬟在内，对宝玉则是宠溺过度。书中的宝玉“扭股儿糖似的”在祖母和母亲面前撒娇，或者常常“滚到”她们的怀里，宛然一个娇小姐。

父亲的严厉过度和以母亲为代表的一群女性的宠溺过度，形成了宝玉情感上的两个极端。这两个极端就像磁铁上的两极，就算把磁铁削成极小的一块，南北两极依旧存在，它们互不让步，永远存在，无法和谐。“王夫人、贾母滥施于宝玉的宠溺，总是被贾政的恫吓和板子所拍散——‘把个胆子生生给唬破了’；同样，贾政以惩戒方式实施的礼教仕途教育，亦被来自贾母对宝玉的宠溺所蚀销”，双方都种瓜得豆，教育的效果自然等于零。

关键是为什么会产生这样的情况？王夫人为什么会对自己的儿子宠溺过度？他们夫妻俩为什么不在教育儿子上取得一致的意见呢？

我看，这就需要分析贾政和王夫人的夫妻关系了。书中所描写的贾王二人的关系，貌似十分平静，实则问题多多。他们俩互动很少，彼此冷漠。倘或偶尔互动，也大多是冷冰冰的话语，没有温热的情感交流。站在王夫人的角度，多年的婚姻早已使人麻木，由于没有感情的滋润，所以她吃斋念佛，寡言少语，脾气还有点急躁。从女性的心理角度出发，她渴望抓住丈夫，甚而控制丈夫。可是，在作为丈夫的贾政来看，他们的结合本身就没有感情基础，都是父母之命、媒妁之言，甚至具有政治联姻的可能性也未可知。面对王夫人的“控制”意欲，贾政只能选择逃走。

逃走的方式无非三种：兴趣爱好、其他女人以及工作。贾政选择了前两种。一是与清客们闲谈（兴趣）。他说自己“自幼于花鸟山水题咏上就平平”，这是一句老实话，他其实还比不上那些靠写对联书法混饭吃的清客闲人，他与他们的交往完全是为了排除内心的孤独。二是去找其他女人。贾政的“其他女人”，其实就是赵姨娘。赵姨娘是整部《红楼梦》中比较特殊的一个形象，曹公几乎不在她身上着半个褒字好词。山东大学的马瑞芳教授推测赵姨娘可能出身于烟花柳巷，原因是贾母在第二十五回中宝玉被马道婆施了巫术时曾骂赵姨娘："都不是你们这起淫妇挑唆的?"贾母口中的"淫"字，恐怕不是信口胡诌，加之赵姨娘在贾府的地位以及她的行事风格，她生活糜烂确实是有可能的。不过，对于这一点我并不十分赞同。如果真像马教授所推测的那样，赵姨娘怎么可能进得了数代显赫的荣国府？但赵姨娘出身卑微是毋庸置疑的。面对"东海缺少白玉床，龙王来请金陵王"的王家妻子，贾政总觉得有高攀的嫌疑，至少有些许自卑。因此，为了找到属于自己的尊严和价值感，爱上比自己出身卑微的赵姨娘，实在是太正常不过了。并且，在我看来，他俩的感情并不坏，好歹赵姨娘给贾政生了探春和贾环这两个孩子。

王夫人越想抓住贾政，贾政越想逃跑。等有了孩子，王夫人终于发现，孩子可以在情感上极大地弥补她内心的空洞，借用心理学家武志红教授的话来说，不止于此，可能还弥补了情欲上的空洞。于是，抓不住丈夫的王夫人改为抓孩子，甚至将抓丈夫的心理变相为把孩子抓得更紧。这在第三十三回《不肖种种大承笞挞》中表现得最为明显。贾政打过宝玉之后，王夫人说："老爷虽然应当管教儿子，也要看夫妻分上。我如今已将五十岁的人，只有这个孽障，必定苦苦的以他为法，我也不敢深劝。今日越发要他死，岂不是有意绝我？既要勒死他，快拿绳子来先勒死我，再勒死他。我们娘儿俩不敢含怨，到底在阴司里得个依靠。"在王夫人看来，宝玉的命就是她自己的命，她所有一切存在的价值，几乎全部寄托在宝玉身上。而贾政呢，他潜意识里逃离妻子，内心愧疚，因此会将儿女主动推向妻子，这样他就彻底自由了。于是，作为儿子的宝玉以及诸如薛蟠之类，他们得到的母爱表面上很多，但实际质量堪忧。他们“普遍存在着严重的被吞没创伤”（武志红）。可见，宠溺源于父母的自恋。王夫人无视宝玉的真实成长需求，将孩子当作另一个“我”，给予他过度的满足，包括物质的、精神的、情感的，这实质上是无限制地满足自己。表现在教育上，则是“苦苦的以他为法，不敢深劝”。

那么作为父亲的贾政又因为什么而严厉呢？父爱是有条件的，父亲的原则是：“我爱你，因为你符合我的要求，因为你履行你的职责，因为你同我相像。”这是弗洛姆的名言。在《爱的艺术》一书中，弗洛姆对父爱的本质有过概括性的描述：顺从是最大的道德，不顺从是最大的罪孽，不顺从者将会受到失去父爱的惩罚。贾政对宝玉深怀期待，宝玉“一落胎胞，嘴里便衔着一块五彩晶莹的玉来”的传奇经历，不可能让贾政对他没有期待。加上贾政“自幼酷喜读书，祖父最疼，原欲以科甲出身的”，把“举业仕途，治国安邦”作为人生之最高目标，因而很希望儿子也能朝着这个目标发展。即便到了当下，这样的父亲仍比比皆是。可是，贾政内心的逃离和实际工作的外放存在着不可调和的矛盾，他根本就没有足够的时间来教育自己的子女，尽管他内心的期待始终存在。于是，简单粗暴成了最好的育儿方法，“不肖种种大承笞挞”就在所难免了，更何况他自己就是这么过来的，当年他爹打他“跟审贼似的”。

也就是说，贾政的严厉粗暴与王夫人和贾母的宠溺几乎是不可调和的。甚至可以说，贾政的严厉粗暴只是他内心愧悔的一种表现。这就意味着宝玉的教育问题其实不是宝玉本身的问题，至少不是他一个人的问题。宝玉能否按照贾政的期待成长，取决于贾政和王夫人之间的关系。

“《红楼梦》的‘嫁后死珠’思想，其深刻性就在于曹雪芹看到中国女子嫁后完全进入中国伦理系统，而这一系统极其严酷，必定要榨干青春少女的全部生命活力。”（刘再复《共悟红楼》）夫为妻纲，某种程度上妻子就是丈夫的物品，“兄弟如手足，妻子如衣服”，比之于如手足的兄弟，妻子这件衣服可随时脱下，随时丢弃。可她们毕竟是生命，不是真的槁木死灰。于是，把希望寄托在下一代，几乎是她们的某种宿命。曹雪芹以他独具的慧眼看到了这一点。他定然不忍心下笔把他心目中那么多美丽的女子写成王夫人这样，那是对青春与生命的亵渎，也是对他自己审美的背叛。于是，他只能选择让这些女子跳井、上吊、撞柱、出家，让她们消失在最美好的年华里，也让她们活在永恒的文字里。

也许这还不是最可怕的。倘若宝玉和宝钗结婚、生子，他们的人生几乎就是贾政和王夫人的翻版。宝玉和宝钗的感情基础可能比贾政和王夫人要好一点，但不足以深厚到彼此恩爱。我始终认为，宝钗并不爱宝玉，“好风凭借力，送我上青云”的宝钗，志不在贾府，而是在皇宫，她的偶像应该是贾元春，甚而是皇贵妃和皇后，宝玉只不过是她退而求其次的选择。宝玉呢，他深爱的是黛玉。所以他们的结合不会幸福，他们的孩子会出现和宝玉一样的问题，至少宝钗也会像王夫人一样，无限制地宠溺他，尤其是男孩。

其实，宝玉的教育问题不只是贾府才有，它流布于大观园之外，漫延到整个金陵。它还走出《红楼梦》，从古穿越到今，演变成当下的“丧偶式教育”。

相比现今“丧偶式教育”中的母亲，王夫人还是幸运的，没有工作的她，至少身边有不少丫鬟在陪伴着。而那些在育儿路上单打独斗的母亲们，工作、家务两不误，身心的苦，谁人可知？

孩子为什么要自己养

我一再在文章里说，贾政不是一个很差的父亲，王夫人相比现在的诸多“丧偶式教育”的母亲，可能要幸福一点点。贾政对宝玉的教育其实是非常在意的，从第十七回至十八回的大观园题咏上，就可以看出他创设了种种环境，铺陈出种种心理机制，以给宝玉施展的舞台。即便在外做官，他也时常牵挂宝玉的学业，惦记他的书法和文章。宝玉开笔之后，他还细细过问宝玉的作文情况，并加以指点。至于“不肖种种大承笞挞”，我说过，这本身也是一种教育。可是，严父贾政对宝玉的教育却并没有获得他所希望看到的结果，甚至宝玉最后呈现出来的教育结果令贾政大失所望。

为什么会这样呢？因为，贾政自己都没有意识到，或者他已经意识到了却没有办法改变：他已经进入了一个教育的怪圈。“宝玉听贾政的（不管是愿意听还是不愿意听，都得听）”“贾政听贾母的（同样，不管是愿意听还是不愿意听，都得听）”，可是，“贾母却顺从宝玉”，这种奇怪的循环就像一个无法破解的魔咒。在《不肖种种大承笞挞》一回中，贾政在母亲到来前与到来后的表现简直判若两人。贾母到了之后，贾政先是“躬身陪笑”，再是“跪下含泪”，说道：“为儿的教训儿子，为的是光宗耀祖。”这其实是贾政的心里话，只是贾母没有领会。宗和祖不也包括了贾母？他还有一层意思：“为的是老太太您，也为了我自己。”可是贾母的回答是：“当初你父亲怎么教训你来？”听老太太话里的意思，仿佛贾代善当年教育贾政是和风细雨的，其实老太太忘记了，赖嬷嬷有句话：“当日老爷小时候挨你爷爷的打，谁没看见的。”哪里是和风细雨，简直就是狂风暴雨。还是赖嬷嬷说得对：“如今老爷不过这么管你一管，老太太护在里头。”因为“护在里头”，才导致了宝玉的肆无忌惮，也成了宝玉的“丹书铁券”。就在贾政“胖揍”宝玉时，老太太的出现几乎逼迫贾政向宝玉做下承诺：“从此以后再也不打你了。”这对宝玉而言，岂不比“免死金牌”和“丹书铁券”更加有效？他岂不是可以更加肆无忌惮、为所欲为、无法无天了？

更可怕的是，老太太在之后对宝玉的教育过程中，极尽袒护之能事（宝玉在挨揍之前，在“大观园试才题对额”这样精彩的家教课堂里，“老太太打发人出来问了几遍”）。贾政要查询宝玉的书法作业，探春、宝钗向老太太建议，各自临摹以充当作业。贾母听后“喜之不尽”。第七十三回，“一个人从墙上跳下来了！”一句话大哗怡红院，晴雯于是谎称宝玉被唬，用以蒙骗贾政。这些，都是老太太默许的结果。

这样的细节很多。我们要问的是：为什么贾母自觉地构造上述这个怪圈？事实上，这个怪圈至今还在很多家庭中存在。我曾经做过口头调查，询问同事在教育孩子的过程中是否受到来自祖辈的干涉，回答是绝大多数时候都有。看来，这绝非《红楼梦》中的个别现象，而是一种典型的“中国式家教现象”。

为了探究这个问题，我们不妨把视角放到《红楼梦》以外的地方。在阅读孙隆基教授的《中国文化的深层结构》时，我有一种恍然大悟的感觉。中国家庭的代际传承与西方完全相反。如果说西方是“俄狄浦斯弑父娶母”式的断裂，这里的俄狄浦斯情节，是一种与上一辈在精神上的割裂，是自我的独立。那么，中国则是“大舜孝感动天”式的共生：不管父母如何不对，孩子都要孝顺。在中国的家庭，母子总是共生的。所谓共生，其实就是绑在一起，尤其是精神上的顺从，即所谓的“孝顺”。所以，母亲常常跟随着儿子住在一起，借用武志红教授的观点，母子双方都是巨婴。当然其中还有现实的需要，儿子需要母亲帮忙带孩子，母亲需要儿子进行心理抚慰。按照武志红教授的说法，中国母亲大多数和丈夫的关系紧张，只好与儿子构建共生关系。母子共生最容易导致的就是婆媳矛盾，也就是俗话说的“两个女人抢一个男人”。在儿女成家之前，母子共生最显著的特点是宠溺。我在上一篇《夫妻关系才是家教的核心》里已经做过分析。母子共生，也可以产生于女儿和孙辈之中，因为所谓的共生，其实是一种心灵的寄托与情欲的发泄。贾母丈夫的早逝，使得她孤寡半生。武志红教授在《巨婴国》里说，中国家庭的典型特征是“一个焦虑的母亲，一个缺席的父亲和一个有问题的孩子”，这一特征完全可以放到荣国府。因为贾代善早逝，“父亲缺席”，于是产生了问题孩子，尤其是贾赦。我们完全可以推断，贾母曾经对贾赦抱有极大期待，但是贾赦令她失望了，所以并不喜欢他。在贾母的共生关系中，我们发现了一个代际传承的逻辑顺序。在贾赦之后，首先是女儿，也就是林黛玉的母亲贾敏。在第三回《林黛玉抛父进京都》里，贾母坦言："我这些儿女，所疼者独有你母。"但是，在贾敏出嫁以后，贾母的情感转移到了元春身上，"当日这贾妃未入宫时，自幼系贾母教养"。元春嫁入皇宫后，就轮到宝玉了。显然，祖辈对孙辈的教育干涉，只不过是情感代际传承的权力表现而已。

从另一个角度来看，贾母在失去丈夫以后，表面上过的是一种赏花听曲式的生活，而实际上贾府上下一切都在她的掌控之中。她是荣国府的"大母神"——大母神需要掌控一切，就像河合隼雄在《童话心理学》里引用的俄罗斯故事《漂亮的瓦西里萨》，瓦西里萨去拜访雅格婆婆的时候，看见了三个骑士，婆婆告诉她，这三个骑士分别是"我的黎明""我的太阳""我的黑暗"。"我的"这两个字足以说明一切。贾母就是荣国府的"雅格婆婆"。无论"黎明""太阳"还是"黑暗"，都是她的，连同整个荣国府的"宇宙"也是她的。随着儿子在人格和思想上逐渐脱离母体，为了延续她的控制，对孙辈的教育横加干涉（包括正面的和负面的）也就在所难免了。

可问题的关键在于，由于时代特征、生活习惯和个人观念的变化，儿辈常常会与母辈在教育理念上存在着诸多不同。《红楼梦》里"宝玉怕贾政，贾政怕贾母，贾母听宝玉"的怪圈，在当下社会演变成"爸爸妈妈管教孩子，孩子在爷爷奶奶那里找安慰，爷爷奶奶骗爸爸妈妈”。举一个最简单的例子：孩子闹脾气不吃饭，在爸妈看来，小事一桩，不吃就饿一顿呗！可是爷爷奶奶却会瞒着爸妈找一大堆零食把孩子喂饱。可见，在共生的家庭，要想按照自己的理念教育孩子，恐怕先要和长辈取得观念上的一致，换言之，在教孩子之前，要先教自己的父母。这是何其难也！

所以，孩子，还是要自己养。

龙生九子，连母十样

有读者问我：“你从心理学和原生家庭的角度研究《红楼梦》，有时候确实给人耳目一新的感觉。不过，为什么同是单亲家庭，会出现完全不同的孩子，甚至同一个家庭，孩子也完全不同？”

问得好。其实，这个问题我在大学的时候就被一个同学问过。只是与红楼无关，问的是我自己。她问我：“你痴迷读书，是受了谁的影响？你兄弟姐妹中有和你一样特别爱看书的吗？”我爱读书是受了祖父和叔叔的影响。祖父踩过私塾的尾巴，抽屉里有几本线装蒙学读本和“四书”。叔叔呢，是中学语文老师。他的大学教材被我借过来之后，在高一高二之前就差不多全部啃完，至今也没有还他。关键是同学问的第二个问题，我兄弟姐妹中，还真就我一人痴迷读书。同一个家庭为什么会出现这样的情况？

内在原因一定有。小时候，祖父外出时喜欢带着我。左邻右舍有个红白喜事，必少不了他，因为他能写一手在旁人看来了不起的毛笔字，在当时，祖父就是我的神。他常写对联，我理纸磨墨，七个字、九个字、十一个字的对联该如何折格子，我看几遍就会了。我也爱胡乱涂抹，祖父便更加喜欢我，于是，把他泛黄的旧籍陆陆续续送给我。有了这个开始，我就慢慢地读书上瘾了。

回到开头的问题。同样是单亲母亲带的孩子，为什么薛姨妈养的薛蟠与李纨养的贾兰完全不同？同样是先单亲家庭后孤儿，黛玉与宝钗为什么差别这么大？还有，不算单亲但实际上也是单亲的贾环与探春，一个地上一个天上，这是为什么？

黛玉与宝钗，能一样吗？黛玉是先失去母亲贾敏，后投奔外祖母家的。宝钗呢，人家是皇商家庭出身，她不是来投奔的，她是来做客的，京城里有他们薛家的房子，是贾母“嫌”自家房子多，留下他们图个热闹。最重要的是宝钗和母亲在一起。我的家乡有一句俗话，话糙理不糙：宁得一个讨米的娘，不得一个当官的爹。黛玉、宝钗，可不正是这样吗？你说黛玉能不敏感吗？她敏感，只是为了保护自己，她是只孤独受伤的狮子，对于侵入自己领地的任何外来者都极其在意。

贾环与探春呢，为什么说他们不算单亲实际上却是单亲？贾环在缺失父爱的家里长大，没有规矩和约束。贾政不是不关心他，而是不够关心他。最关键的是，他一直被拿来和宝玉对比。不管在哪一方面，他都比不过宝玉，他总是失败的一方。所以，我有时候挺同情他，他不仅仅是家教的失败者，也是制度的牺牲者。如果他是从王夫人的肚里爬出来的，恐怕就不一样了。一母同胞的姐姐探春呢，在缺失母爱的家里长大，好在有一个替代人物，那就是贾母。冷子兴在第二回就说：“因史老夫人极爱孙女，都跟在祖母边一处读书，听得个个不错。”

也许你会说探春难道不会被拿来和元春比较吗？没有。没有哪个外人敢这么比，谁敢和皇妃比？探春自己呢，也不比，元春离她太远。初次学武的人，是不会去和武林泰斗比的。探春自己要比的是男人，她身边的男人，这些男人个个缺乏豪气，真是哀其不幸，怒其不争。《辱亲女愚妾争闲气》中探春的那一段剖白心迹的话，令人感慨。

贾兰和薛蟠，确实有可比之处。同样是豪门世家之后，同样是只有母亲没有父亲的单亲家庭出身，可命运截然不同，原因是他们的妈不同。

对李纨，我们曾详细分析过，她是国子监祭酒的家庭出身，这种知识分子家庭出身的，在大观园中恐怕只有黛玉等少数人。贾王史薛四大家族不是军功就是皇商，真读书的人不多。李纨读过不少书，第四回开头说她读过《女四书》《烈女传》《贤媛集》什么的，不过从她后来评诗、作诗的水平来看，她读的书应该不止这些。而王家的女人，从王夫人、薛姨妈到王熙凤，识字读书的真不多。顺便说一句，每次读《红楼梦》，我都觉得李纨是现代诸多母亲的化身，她采用的是“寡妇”式养育法，用力甚多，希望全部寄托在儿子身上。

值得比较的是李纨与薛姨妈。她们的经济压力完全不同。李纨拿的是月例银子，薛姨妈呢，薛蟠杀人的时候，银子往外搬。这些，做儿女的都看在眼里：我家有钱，可以乱花。且不说那个时代，即便现在，我们的财商教育还没到位，“富二代”坑爹坑妈的还少吗？“穷二代”呢，只能自己打拼。贾兰其实就是“穷二代”，他是被淹没在大家族里的人。他有一种潜意识的执念：我只有通过读书，才能改变自己和母亲的地位。这和很多“农二代”的读书目的是一样的，是为了改变命运，想鱼跃龙门。当然，即便家庭出身存在颇多相同之处，结果也会截然不同。差之毫厘，失之千里。家庭教育往往就是这样。

最后要谈的是薛蟠、薛宝钗兄妹，同一个家庭，同一个妈妈，怎么就出现两种不同的人生结果？虽然宝钗也谈不上多么幸福，但人格比之薛蟠更健全。

他们兄妹最大的区别是养育方式的不同。薛蟠“幼年丧父，寡母又怜他是个独根孤种，未免溺爱纵容，遂至老大无成；且家中有百万之富，现领着内帑钱粮，采办杂料”，寡母溺爱纵容，同时缺少父亲管束，这就是薛蟠的成长背景。

我有一种猜测，薛宝钗的父亲肯定在家庭教育问题上和薛姨妈有过冲突，借用现在的话说，家庭最大的矛盾往往是由夫妻在育儿理念上的冲突引发的。宝钗的父亲忙于皇商实务，他回家教育儿子大多简单粗暴。传统的家庭中，父子矛盾仿佛是一个只有时间才能解开的结，因为它是建立在忠君和尊老的文化制度上的。父亲的权威性必然要与儿子的叛逆性交锋，贾政与宝玉就是典型。薛蟠的父亲死得早，但是这并不表示他们父子之间就没有过冲突。

宝钗不同。书里说“当日有他父亲在日，酷爱此女，令其读书识字，较之乃兄竟高过十倍。自父亲死后，见哥哥不能依贴母怀，他便不以书字为事，只留心针黹家计等事，好为母亲分忧解劳”。性别的不同，决定了教育方式的不同。薛蟠其实是不可能“依贴母怀”的，不管是不是坑爹坑妈的“富二代”，男性很难依贴母怀。但是大门不出、二门不迈的古代女性“依贴母怀”，却是情理之中的事。所以，他们兄妹俩从一开始就走向了不同的教育结果。

至于书里谈到的“留心针黹家计等事，好为母亲分忧解劳”也值得留意。“丰年好大雪，珍珠如土金如铁”的薛家，需要大小姐来“留心针黹家计等事，好为母亲分忧解劳”吗？就在这句话的前面，薛蟠还“家中有百万之富，现领着内帑钱粮，采办杂料”，之所以这样说宝钗，只是为了表明教育方式的不同。概言之，薛家是“穷养女，富养儿”。

还有一个不得不承认的事实是资质。据说，站在家长的立场上，大家最爱谈教师的能力，站在老师的立场上，大家最爱谈的则是学生的资质。其实这两者都可以谈，也确实应该谈。同一片土地上，小草和参天大树不一样，松柏和杨柳各不相同。上面说了，李纨的育儿、教儿能力强于薛姨妈，至于资质，宝钗定然优于薛蟠。所谓资质，我个人的理解是受教能力，受教好就是资质好，天赋呢，可能也有，只是内容各不相同罢了。

说了这么多，算是回答了文章开头朋友提出的问题。

第四辑　理念

经过大风大浪、看惯云卷云舒的贾母，高贵而又冷静的北静王，专职教学却只能是假装代一下“儒”的贾代儒，他们的育人理念不仅在书里，更穿透纸背，无时无刻不影响着我们的生活。

女人怎么会为难女人

一群朋友聊天，问及各人分别喜欢《红楼梦》里的哪个女子？这真是一个数百年来百问不厌的问题。但凡说喜欢的，大抵离不开王熙凤、薛宝钗、林黛玉、史湘云、贾探春这几位，理由也差不多。可是，读《红楼梦》的我们见了面还是要争执一番。答案不重要，争执的快感才要紧。譬如这一次，有人又问到我。我实在忍不住，觉得非要玩一把新鲜不可，于是大声说：我——就——喜——欢——贾——母！

“哈哈，变态，喜欢老太太!”朋友知道我最近读书老是围着一群老太太转：先是认真学习了《资中筠自选集》，再是一口气读完了叶嘉莹奶奶的《迦陵讲演集》，接着又读了一本杨绛奶奶翻译的《斐多》。不过，这些都与喜欢贾母没有关系。在朋友看来，《红楼梦》中的少女们永远年轻，但他们却忘了，贾母也曾年轻过。

记得当年读高中的时候，语文老师讲《林黛玉进贾府》时，提出过一个问题，这个问题我第一次教这篇文章时也向学生提过：黛玉在回答贾母“念何书”与宝玉“妹妹可曾读书”时为啥答案不一样？学生的结论往往是“黛玉聪明”“黛玉知道贾母不喜欢读书的女孩子”之类，他们之所以这样回答，是因为老太太在回答黛玉“姊妹们读何书”的时候说了这么一句话：“读的是什么书，不过是认得两个字，不做睁眼的瞎子罢了！”

不做睁眼瞎，这貌似是老太太的“女儿读书观”。

不知道哪本课堂实录也谈到过这个问题，其中提到老太太不喜欢女孩子读书。林黛玉多聪明啊，宝玉问她读什么书的时候，立马就变了回答。

真的是这样吗？贾老太太真的不喜欢读书的女孩子吗？

当然不是。贾母不仅不反对女孩子读书，甚至还十分支持！她喜欢孙女们读书，这样的消息已经传到荣国府外面去了。府里周瑞家的女婿冷子兴对贾雨村说起贾氏“四春”的时候就曾道：“因史老夫人极爱孙女，都跟在祖母这边一处读书。”冷子兴的信息是非常准确的。

就在同一回，黛玉与老太太见过面之后，老太太把王夫人、邢夫人和李纨介绍给黛玉，然后说：“请姑娘们来。今日远客才来，可以不必上学去了。”

如果她反对孙女们读书，怎么会让她们上学去呢？

不仅如此。大观园里的女儿们上学是延续了很久的。第八十三回，黛玉咳嗽出血，袭人来探望，紫鹃对袭人说，也是对黛玉说：“今日不能上学，还要请大夫来吃药呢。”

何止于此！

贾母还是一个非常了不起的教师。她培养了一个很出色的学生——元春，教出了一位贵妃。

书里说得很清楚："当日这贾妃未入宫时，自幼亦系贾母教养"（第十七回至十八回）。到底怎么教，教了些什么，我们不得而知，也不好揣测。但是，从元妃身上我们可以看出来一点。贾宝玉三四岁的时候，与元春同在贾母身边，"同随祖母，刻未暂离。那宝玉未入学堂之先，三四岁时已得贾妃手引口传，教授了几本书、数千字在腹内了"。

天！一个三四岁的孩子，腹内就有几千字了。这是何等概念？即便这几千字只是个总体的阅读量，对一个三四岁的孩子而言也已经相当可观了。我们是不是可以推测元妃的识字量也相当可观？是不是可以推测贾母的识字量一定也不会低到哪里去？即便元妃后来有自学的成分在内。

元妃自己说"我素乏捷才，且不长于吟咏"，可是她懂诗，懂得鉴赏评价。元宵节回家省亲的时候，她这样评价姊妹们作的诗："终是薛林二妹之作与众不同，非愚姊妹可同列者。"正如她所言，最好的《杏帘在望》正是林黛玉代宝玉作的。

还有一点，元春可能深受祖母或者家庭的影响，她对文字是有兴趣的。

除了"默默叹息奢华太过"之外，元妃省亲时开口对人说的第一句话便是"'花溆'二字便妥，何必'蓼汀'？"讲的居然是省亲别墅上的匾额联语。进了正殿，问的也是"此殿何无匾额？"大家只关注"那不得见人的去处"这一句，其实从元妃的角度看，她很在意文字，"亲搦湘管，择其几处最喜者赐名"，想必她的书法也过得去。有人说这是大姐姐对弟弟的关爱，其实不对，直到贾政说“皆系宝玉所题”，元妃才含笑说：“果然进益了。”可见她对文字的关注纯粹出于自己的内心。另外，她给家人带来的礼物也很是高雅，叔父辈都有“御制新书二部”，“宝钗、黛玉诸姊妹等，每人新书一部，宝砚一方……宝玉亦同此”。一个从来不读书的人，怎么会想到给家人带书呢？

有这样的学生，不证明了老太太对教育的重视吗？

祖母教育孙辈，不独贾府。整个江南地区，这样的例子层出不穷。江苏常熟女子邵广仁，“五六岁时，祖母苏太恭人授以诗，即能吟诵”；同为常熟的吴宛之，“祖母为张孟缇，幼承重闱之训，习诵汉魏人诗，并习分隶，画则临仿南田”（以上皆出自钱仲联主编的《清诗纪事》）。

那么，问题来了，既然不反对，还支持，老太太为什么要对林黛玉说“不做睁眼的瞎子罢了”？她到底是什么意思？

是不是谦抑呢？当然不是，一个见过世面、品位如此之高的外祖母有什么必要在外孙女面前谦虚呢？

这是高标准，高手的高标准！

腹内几千字，有什么了不起的？在老太太这等高手看来，腹内的几千字也就相当于“认得几个字”。

第五十四回，贾老太太在大观园讲戏曲赏析的公开课中痛斥才子佳人的故事时，说了这么一句话：“别说他那书上那些世宦书礼大家，如今眼下真的，拿我们这中等人家说起，也没有这样的事。”贾家是“中等人家”？是的，没错。因为她在同书中那些宰相、尚书人家比，同现实生活中与贾府素有往来的东平郡王、南安郡王、西宁郡王、北静郡王比。

在老太太眼里，“认得几个字”没什么了不起，最多也就是不做睁眼瞎罢了，哪里值得拿出来说道呢！再说，稍微有点文化的家族都能做到，何况贾府呢！

在中国古代，一般的贵族官宦、文人士子家庭的女子大都享有接受文化教育的机会，至少能接受启蒙教育。贾母也不例外，只需看她的谈吐就知道了。

刘姥姥称呼贾母为“老寿星”，贾母呢，称她为“老亲家”，难怪连脂砚斋都称这是意想不到而又非常得体的妙称。贾母向刘姥姥说：“我老了，都不中用了，眼也花，耳也聋，记性也没了。你们这些老亲戚，我都不记得了。亲戚们来了，我怕人笑我，我都不会，不过嚼的动的吃两口，困了睡一觉，闷了时和这些孙子孙女儿顽笑一回就完了。”这话说得相当得体，一来解释了上次为什么没有见刘姥姥的原因，本不需要解释，可是这么一说，拉近了和刘姥姥的距离，不显架子，却字字是贵夫人的口吻。在元妃省亲中，写她的对话只有一句：“无职外男，不敢擅入。”如此庄严恭敬的斯文语言，岂是没有文化的人说得出的？

贾母出自显赫的“阿房宫，三百里，住不下金陵一个史”的史家，“古士大夫家女子之生也，多学诗书，受姆训，幼而习之”。同样是女人，在读书这件事上，贾母怎么会为难其他女人呢？

读书人见面该聊点什么

朋友见面，做些什么？我想到的是两件事：一是吃，二是唱。如果你遇到一个发朋友圈的狂人，你会恨不得立马学管宁的“割席分坐”，说出“子非吾友”之类的话：上来一道菜，对方说“等会儿，我先拍照，再发朋友圈”，然后，九张照片齐刷刷地亮相在朋友圈里。除了吃，接下来就是唱。KTV里一坐，那声音，震耳欲聋。若碰见一破锣嗓子还不珍惜自己“声”誉的人，简直就是受罪。至于陌生点的朋友，见面达不到吃唱的地步，于是就只有寒暄——诸如婚姻、爱人、工作、子女、月薪等话题，都在对方问候兼打听的范围之内，不胜其烦。有时候真想长叹一声：“咱能别这么俗了，读一读《红楼梦》，好吗?”

说起读书，宝玉被父亲贾政说成“流荡优伶，表赠私物，在家荒疏学业，淫辱母婢”，这里第一条是事实，第三条是误会，至于第二条，是骂他不爱读教材。其实，宝玉无论如何都算是读书人。无论是与人见面，还是与人聊天，宝玉都爱问读书学问之事。这才是读书人该有的聊天方式。

第三回，黛玉进贾府。宝玉见了黛玉，第一句话就是我们都非常熟悉的“这个妹妹我曾见过”，第二句话是回应祖母的，第三句话则是问黛玉：“妹妹可曾读书？”同样地，王熙凤见到秦钟，先是问秦钟“几岁了，读什么书，弟兄几个，学名唤什么”。你看，就连没怎么读过书的王熙凤也关心起秦钟的读书情况来。宝玉见了秦钟，更是被秦钟“出众的人品”所倾倒，问过秦钟近日家务之后，就开始聊读书的事情了。（第七回）

不过，他俩聊的是上学的事，不是“课外书”。宝玉直接邀约秦钟“就往我们敝塾中来，我亦相伴，彼此有益，岂不是好事？”果然，秦钟给贾代儒老师送过去一份厚重的学费之后，就在贾府的家塾里开始读书了。

即便去外面与不读书的人吃饭喝酒，宝玉也表现出一副读书人的雅趣。第二十八回，宝玉在冯紫英家里喝酒，出了个主意：“如今要说悲、愁、喜、乐四字，却要说出女儿来，还要注明这四字原故。说完了，饮门杯。酒面要唱一个新鲜时样曲子；酒底要席上生风一样东西，或古诗、旧对、‘四书五经’成语。”读书人宝玉创作出来的是：

> 滴不尽相思血泪抛红豆，开不完春柳春花满画楼，睡不稳纱窗风雨黄昏后，忘不了新愁与旧愁，咽不下玉粒金莼噎满喉，照不见菱花镜里形容瘦。展不开的眉头，捱不明的更漏。呀！恰便似遮不住的青山隐隐，流不断的绿水悠悠。

不读书的“呆霸王”薛蟠同学，挤出来的是“女儿愁，绣房蹿出个大马猴”。高低雅俗之分立判。

《红楼梦》中见面聊读书、谈学问的风气其实到处皆是。

秦可卿的葬礼上，宝玉与北静王相见。这位王爷当着贾政的面夸宝玉“雏凤清于老凤声”，并说“小王虽不才，却多蒙海上众名士凡至都者，未有不另垂青目，是以寒第高人颇聚。令郎常去谈会谈会，则学问可以日进矣”。官二代也不尽是浪得虚名之辈，想必北静王府里常常举办读书会或学术沙龙。再后来，宝玉和北静王还有一次见面。北静王生日，贾府贺寿，待贾府的长辈们出去之后，北静王独留下宝玉，“说了一回读书作文诸事”（第八十五回）。

再说贾政吧。董桥先生在《这一代的事》中说过这么一句话：“试才题对额里说的那些话尽管矫揉造作，到底十足读书人的口吻。”在妹夫眼里，贾政“其为人谦恭厚道，大有祖父遗风，非膏粱轻薄仕宦之流”，也算是个读书人吧。与一帮人交谈，虽则“帮闲”而已，但也是高级帮闲。琴棋书画、诗酒歌赋，都少不了，绝非《金瓶梅》里的应伯爵之流，只知吃喝嫖赌。这从第十七回至十八回中的“试才题对额”就可以看出。不仅贾政，那些清客何尝不是“读书人口吻”？书中说“原来众客心中早知贾政要试宝玉的功业进益如何，只将些俗套来敷衍”，这话的另一层意思就是：这些清客，也懂得“雅套”。舒芜先生在《红楼说梦》里说：“所谓‘俗套’，也不能太低。这就非有相当的文采不能办到。每一处众清客先拟的对额，其实也未尝都是绝对不可用。”例如，当有客人说出“崇光泛彩”时，贾政就喝彩道："好个崇光泛彩！"连宝玉也说"妙极"。想说好固然不容易，而要说得让宝玉比自己好又不至于毁坏自己的名声，恐怕更难。只有底子深厚的读书人才说得出这话。

所以，见面聊什么，彰显的是一种社会风气。记得有一位老师说过自己当年拿着《莎士比亚全集》在食堂诵读，有人说："真能'装'！"如果读书人见面聊书谈学问，被人说成"装"又何妨？装他个二十年，不信人的素质不提高！

北静王的教育理念

北静王，名叫水溶。他是一个贤王，在我看来，也是一个帅王。记得有人做过网络调查，在《红楼梦》中的男孩子，贾宝玉、柳湘莲、贾琏、水溶、薛蟠等一众“官二代”或“富二代”中，女孩子最喜欢谁。结果这位有贤王之称的水溶，高居榜首。

北静王“年未弱冠，生得形容秀美，情性谦和”。从长相上来看，用现在网络语言说就是“小鲜肉”，女生们见了是要疯狂叫“欧巴”的。在贾政等一干人眼里，北静王也是“才貌双全，风流潇洒”。钱锺书先生在《读〈伊索寓言〉》里论证“比我们年轻得差不多的后生只会惹我们厌烦”时举例说，“一个近三十的女人，对于一个十八九岁的女孩子的相貌，还肯说好，对于二十三四岁的少女们，就批判得不留情面”，看来要漂亮女人说别的女人漂亮，确实不是一件容易的事情。同样，要帅哥说别的男人帅，也是困难的。宝玉自己就是帅哥，但他看到北静王时，不由得赞叹对方“好个仪表人材”。这么高的地位，这么高的颜值，还能性情谦和，这是真的吗？是真的。就在这句话后面，宝玉说，当年北静王的祖父与贾代善、贾代化“相与之情，同难同荣”，所以对待秦可卿并没有以“异姓相视”，“不以王位自居”。秦可卿死的时候，亲自“探丧上祭”；秦可卿出殡的时候，“又设路奠，命麾下各官在此伺候”。而他自己呢？“五更入朝，公事一毕，便换了素服，坐大轿鸣锣张伞而来，至棚前落轿。”北静王不仅谦和，而且小小年纪颇懂礼仪。

不仅如此，北静王的谈吐也甚是风雅。见了宝玉之后，对贾政说的话极为得体，是晚辈的口吻，又体现出贵族的身份以及读书人的风雅。他笑着说：“令郎真乃龙驹凤雏，非小王在世翁前唐突，将来‘雏凤清于老凤声’，未可量也。”对长辈说话不卑；对宝玉说：“今日初会，仓促竟无敬贺之物，此系前日圣上亲赐脊苓香念珠一串，权为贺敬之礼。”对晚辈说话不亢。彬彬有礼，有贤王之风。

问题来了，他怎么可以做到这样呢？看看《雍正王朝》里那些争夺帝位的皇子皇孙，除了同样有贤王之称的老八胤禩能说得出这话，老九、老十、老十四都说不来。

先看北静王的一段话：“只是一件，令郎如是资质，想老太夫人、夫人辈自然钟爱极矣；但吾辈后生，甚不宜钟溺，钟溺则未免荒失学业。昔小王曾蹈此辙，想令郎亦未必不如是也。若令郎在家难以用功，不妨常到寒第。小王虽不才，却多蒙海上众名士凡至都者，未有不另垂青目，是以寒第高人颇聚。令郎常去谈会谈会，则学问可以日进矣。”

他之所以谦和，是因为他受的是贵族教育。看，“海上众名士凡至都者，未有不另垂青目，是以寒第高人颇聚”，学术沙龙在北静王府里应该就像吃饭喝水一样常见。还有，“昔小王曾蹈此辙”，这是他的切肤之痛，我们可以推断，他可能也曾经犯过混，但是他已经醒悟过来了。

教育的最终目的是唤醒灵魂，让人成为人，人一旦自我觉醒，外在的教育所起的作用可能就很小了。

北静王这位谦和的贤王，当着贾政和宝玉的面，要贾政重视宝玉的教育。他直言不讳，说了上面这一段话，因为他太清楚了，宝玉一定会受到钟溺，如同自己当年那样。

我们不禁要问：宝玉真的如他所说吗？

我想，只要是中国的读书人，即便没读过《红楼梦》，也知道北静王说的丝毫不差。对他“想老太夫人、夫人辈自然钟爱极矣”的猜测，不会有半点怀疑。

只需举一个例子。

《大观园试才题对额》中，宝玉跟着父亲说了几副对子，评价了一下大观园里的风景，“老太太打发人来问了几遍”“贾母已命人看了几次”。老太太疼宝玉，是真的疼。

于是，北静王认为：“但吾辈后生，甚不宜钟溺，钟溺则未免荒失学业。”

这个理念新鲜吗？当然不新鲜。只是常识，几千年的老常识。可是，我们就是往往在常识上犯错。

我们不妨把眼光往前挪一点。春秋时期，卫国当时的国君是卫庄公，他有一位儿子叫州吁，是庄公宠妾生的孩子。这位州吁深得父亲的宠爱，喜欢玩弄兵器，卫庄公对此不闻不问，也不加禁止。当时有一位臣子叫石碏，他的育儿观念和北静王如出一辙。他说："宠而不骄，骄而能降，降而不憾，憾而能昣者，鲜矣。"什么意思？受宠的人不骄傲，骄傲的人却安于自己的地位一天不如一天，地位下降却没有怨恨，有怨恨又能克制自己，这样的人少啊！于是，石碏就对庄公说："臣闻爱子，教之以义方，弗纳于邪。骄奢淫逸，所自邪也。四者之来，宠禄过也。"对于子女，要教育他讲规矩，讲道义，不让他走邪路。骄奢淫逸这种邪路就是由于过分的宠爱导致的。可见，北静王所说的钟溺之害，很早就有人提出来了。

庄公死后，卫桓公继位。又过了15年，公元前719年，当年卫庄公钟溺的儿子州吁居然把桓公给杀掉了，自己做了卫国的国君。跟他一起的就有当年向庄公进言的石碏的儿子石厚。

历史有时候真的很讽刺：石碏也没能教育好自己的儿子，但是他却用自己的方法和手段，给不讲规矩、不讲道义的亲生儿子以严厉的处罚，让他付出了生命的代价。

州吁取代了桓公，毕竟政权来得不合法。于是石厚就回家向父亲这位老臣咨询。石碏给出了一个主意：王觐可矣。只要去朝见周天子，就能取得合法地位。果然，石厚打听到陈国的陈桓公与周天子的关系很好，并且陈卫两国交往也不错。如果陈国在中间帮忙，州吁去朝觐周天子，这事就成了。

于是，石厚和州吁就去了。刚经过陈国，就被抓了。原来，石碏早已和陈国商量好了，就等着这两人上门呢。陈国把他们送回来。卫国的右宰就把州吁杀掉了，石厚呢，也在他父亲的授意下被家臣给杀了。

如果当年卫庄公听了石碏说的话，就不会有后来的悲剧。其实，这样的祸根都是当年的钟溺所埋下的。

中国第一本家庭教育专著《颜氏家训》的作者颜之推，和北静王有着相似的经历。北静王告诫宝玉，“钟溺则未免荒失学业”，还说“昔小王曾蹈此辙”。颜之推也是这样认为的。他九岁时丧父，全靠兄长养大，可是兄长的教育“有仁无威，导示不切”，导致他“肆欲轻言，不修边幅”。到了十八九岁，才稍知磨炼意志，但是因为习以为常，最终还是难以改掉陋习，可谓是“积重难返”。庆幸的是，北静王和颜之推二人最终都在20岁上下觉醒了。颜之推在自己的书里说，世上有一些父母，对子女不加教育，只是一味溺爱，对子女的饮食言行，总是任其为所欲为，该告诫阻止的，反而夸奖鼓励，该斥责的，反而和颜悦色。孩子骄横傲慢的性格一旦养成，才想到要去管束，未免晚了。

一般人不教育子女、宠爱子女，并不是想让子女作恶犯罪。颜之推说，父母只不过是不愿看到子女因受到责骂而脸色沮丧，不忍用荆条抽打子女使其皮肉受苦。

然而，为人父母者必须理清爱子、纵子、教子这三者的关系。

爱子是人之常情，但是不能过分到纵子。北静王所谓的“钟爱极矣”的“极”就是过分的意思，如果到了这一步，一旦习以为常，再教子，已然晚矣！

在北静王之前，还有一位伟大的思想家王符说过：“父母之失，在于不能止于媚子！”北静王正是借机向贾政和宝玉父子传递一个再普通不过的常识，一个早已经被国人接受的育儿理念：不要溺爱孩子。

老师，别让你的过高期望毁了孩子

想起贾瑞，内心很是复杂。

原本以为他可以是一个成功的案例。比如说，穷人的孩子早当家。贾瑞随着祖父母一起生活，基本靠祖父贾代儒在私塾的那点薪金维持生计。在私塾的孩子当中，可能只是比金荣好一点，无法同宝玉、秦钟、薛蟠之流相比。宝玉是“官四代”，还有一个亲姐姐是皇上的妃子；薛蟠呢，“富二代”，即便在斗鸡走马、眠花宿柳的时候，家里也是日进斗金，说句不太妥当的话，他更有资格比贾瑞不上进；秦钟呢，凭着他姐姐秦可卿以及和宝玉的那一层关系，也要比贾瑞负担轻很多。贾瑞需要操心的事情很多，最起码需要照顾好祖父母。他已经长大了，二十来岁的人，应该知道生活不易。

可是，他没有！

他“最是个图便宜没行止的人，每在学中以公报私，勒索子弟们请他”。在《起嫌疑顽童闹学堂》一回中，李贵说：“这都是瑞大爷的不是，太爷不在这里，你老人家就是这学里的头脑了，众人看着你行事。众人有了不是，该打的打，该罚的罚，如何等闹到这步田地还不管？……素日你老人家到底有些不正经，所以这些兄弟才不听。”李贵这句话道出了贾瑞没有威望的原因。他图便宜、没行止、以公报私、勒索子弟，最大的原因恐怕就是可以仗着祖父贾代儒是掌塾。

我每次读到这里，都会想起自己的经历。我为什么会从小就立志要做教师？不是什么崇高的理想，完全是被逼的。我的小学同桌是我语文老师和数学老师的独生子，他仗着自己的爸妈是老师，总觉得拥有他人无法拥有的特权。第一，他可以随便进出那个对我们来说神秘得如同外太空或神农架原始森林的教师办公室，而我等小民，没有老师的召唤，绝不敢多停留一刻。第二，他居然可以用粉笔头扔我们，并且根本不需要考虑粉笔头的数量。而我想要一根粉笔，得谋划好多天，趁着全班同学不在的时候，偷偷摸摸、小心翼翼地抓几根，再藏起来。除此之外，更令人受不了的是，我的这位同桌居然可以时不时地出入学校的后厨，那里常常在我们临近放学的时候飘出香味来，令我辈垂涎欲滴，每到这个时候，我就无心上课。后来，他的表妹也来了，是他妈妈的侄女。她本不是我们一个村的，因为姑姑是老师，所以就来了。她的到来，灭了我们班所有女生的气焰，不，还顺带灭了不少男生的气焰。甚至与她一起上学的邻居，也可以任意欺辱。贾瑞的“以公报私，勒索子弟”在我幼小的生命里就镂刻下了鲜明的印痕。我当时立志做老师，原因很简单：以后我要亲自带自己的孩子读书，不让他受其他老师子女的欺负。

断断续续，读了十几年《红楼梦》，站了十几年讲台，我对贾瑞又生出一丝怜悯来。正如现在回想起我的同桌被他爸妈暴揍，我已没了当年的快感，反而多出一丝“同情之理解”。更关键的是，在我十几年的教育经历中，我遇见的很多教师子女，承受着其他同学没有的压力，也承载着家人更大的期望。

贾瑞何尝不是如此呢？他甚至比一般教师子女承受得更多。他“父母早亡，只有他祖父代儒教养”（第十二回）。在贾代儒老师看来，儿子儿媳早亡，孙子就是他的独苗，焉能不重视？光宗耀祖、光大家业的重担自然就落在贾瑞的身上。贾代儒老师“素日教训最严，不许贾瑞多走一步，生怕他在外吃酒赌钱，有误学业”也是情理之中的事情了。可想而知，贾瑞的家教之严格、受期望之高，比宝玉有过之而无不及。

就说贾瑞因为调戏王熙凤一夜未归，贾代儒老师的处理我就觉得很不妥。贾代儒老师主观上认定贾瑞“非饮即赌，嫖娼宿妓”，自己也“气了一夜”，睡不着觉。我们只需要想想就知道，当时贾代儒的脸色有多难看。面对这样的祖父，贾瑞是非撒谎不可了。而贾代儒老师的一番话，很值得我们咀嚼：“自来出门，非禀我不敢擅出，如何昨日私自去了？据此亦该打，何况是撒谎。”作为监护人，贾代儒老师没有表现出一点点的温情关怀。贾瑞固然去做了见不得人的事，但我想，即便贾瑞去做的是一件好事，贾代儒老师也不会相信。一句“非禀我不敢擅出”，足见他平时管教之严。我曾写过我的一个学生，这位学生在作文里向我埋怨他父母对他的管教几乎严密到了间谍的地步，偷看日记之类的陈旧把戏已经不值一提，偷看手机、偷查电脑记录，无所不用其极。至于每次出门，都须时时告知下落。不堪其苦的学生在作文里喊出了“如果有来生，再也不愿意做你们的女儿”的声音。

贾瑞的撒谎，带来的是严厉的家暴式和教师式处罚。“发狠到底打了三四十板，不许吃饭，令他跪在院内读文章，定要补出十天的功课来方罢。”一个年轻人，在寒冷的冬天，跪在户外，饿着肚子，还要读书，焉能不“其苦万状”呢？

我说贾老师实行的是家暴式处罚，好懂。而所谓的教师式处罚，则是以教师的身份对孩子进行学业处罚。“跪在院内读文章，定要补出十天的功课”就是。跪在院内读文章尚可，而要补出十天功课来，是万万做不到的。但是，贾代儒老师认为自己的孙子可以办到，他对贾瑞寄予了太高的期望，这是很多老师的通病。就像《包法利夫人》开篇那个教员，面对新学员包法利的到来给教室带来的吵闹声，直接高喊“全班罚抄五百行诗”，然后从瓜皮帽底下取出手绢，一边揩额头的汗，一边气冲冲地接着喊：“至于你呢，新来的学生，你给我抄二十遍拉丁动词‘笑’的变位法。”

怒火冲天时的处罚总是收效甚微，加上贾瑞对王熙凤仍是“前心未改”，这位在王熙凤眼里“禽兽样的人”，在平儿嘴里“没人伦的混账东西”，最终惨死。

管教之严，期望之高，这使得很多教师子女承受着难以言喻的生命之重。其实，他们很平凡，绝大多数也不是什么天才，他们只是普通人。学会接纳普通的孩子，接纳孩子的普通，是所有家长和教师都必须学会的。

偷读最是人生乐事

关于读书方式，可谓不胜枚举：欧阳修有“马上”“枕上”“厕上”，现代人有“车上”“床上”“手机上”。窃以为，唯有偷读，效果最佳，也最难以忘怀。大知此中趣味的莫过于明末清初的大评论家金圣叹，他说“雪夜闭门读禁书，不亦快哉”，想必这就是读书的最高境界。

古代偷读最有名且赫然写进正史的是祖莹。他8岁就能诵《诗经》和《尚书》，12岁就成为中书学生。他非常好学，夜以继日地沉迷于书籍，父母担心他得病，禁止他读书。他就悄悄地在灰中藏火，等父母睡后，再燃火读书。又怕火光被父母发现，就用自己的衣服把窗户堵住。这固然是勤奋的榜样，但我总觉得此中少了些什么。祖莹同学读的毕竟还是教材，应该不会是什么禁书。

现代关于偷读的文章最有名的莫过于林海音先生的《窃读记》，这篇文章被选入小学教材里了。林先生回忆自己在书店里因无钱买书只好偷读的经历，比祖莹的偷读要真诚得多。他们最大的区别在于，祖莹的偷读被父母发现，得到的是怜悯，以及充满爱意的呵斥，并最终收获了声誉；但林海音先生得到的却是赤裸裸的训斥："你到底买不买？"这种偷读要比祖莹的更加刺激，也更加令人深思。

偷读之所以有乐趣，就是因为它天然带着刺激，让人怀着担惊受怕的心理，并且上瘾难忘。大观园中的几位语文学霸也都有着偷读的经历。

排名第一的自然是语文课堂上可爱的"坏小子"贾宝玉同学。在小厮茗烟的精心安排下，他愣是搞到了一堆"禁书"："古今小说并那飞燕、合德、武则天、杨贵妃的外传与那些传奇角本。"宝玉对这些书是怎么看的呢？他"便如得了珍宝"。茗烟嘱咐他不可拿进园去，宝玉哪里舍得呢？选了一批，带到大观园。他是怎么选的呢？"单把那文理细密的拣了几套进去"，放在床顶上，留着自己"密看"。宝玉可真是偷读界中的大神啊！偷读嘛，难免匆忙慌张，可是他呢，居然是"密看"，真令人羡慕。另外，那些"粗俗过露"的，都藏在外面的书房里。林语堂先生说，读书只要读两种，一是读上流的书，二是读下流的书。中流的书，大可不必读。为什么呢？因为在没有多少人关注的下流书籍里，有着"淘宝"的乐趣。我私下揣测，这些宝贝恐怕包括不被人正眼待见只能用以偷读的东西。

话说回来，宝玉同学挑的文理细密的书，其中就有一本《会真记》，果然是好眼光。这《会真记》，就是王实甫的《西厢记》。藏在床顶上的书，拿到花园里来看了。宝玉在沁芳闸桥边桃花底下一块石上坐着，展开书籍，“从头细玩”。“细玩”一词，足以看出宝玉在偷读过程中的享受。可是，这偷读，被黛玉撞见了。宝玉“慌的藏之不迭”，在黛玉的追问下，才吐出真相，并不忘交代黛玉这样的知己“你看了，好歹别告诉别人去”。于是，便有了另一位语文学霸林黛玉的偷读经历。

黛玉偷读西厢，“越看越爱看，不到一顿饭工夫，将十六出俱已看完，自觉词藻警人，余香满口”还内心默默记诵。宝玉问她书好不好的时候，她笑着说：“果然有趣！”这导致她在后来对牙牌令的时候，一不小心就说出一句“纱窗也没有红娘报”的话来。林黛玉同学虽然在教香菱写诗的时候说自己有《王摩诘诗全集》以及古琴谱之类的书籍，但据我的推测，她未尝没有禁书。理由就是，她尝到过偷读的乐趣，并且，她有偷读的资源。宝玉有这么多的好书，想必会挑一些文理细密的读物与他的林妹妹一起分享阅读。

大观园中，还有一位学神级别的人物也有偷读的经历，那人便是薛宝钗。

《金鸳鸯三宣牙牌令》中，黛玉一不小心说出了《牡丹亭》中的“良辰美景奈何天”和《西厢记》中的“纱窗也没有红娘报”，之后，宝钗便要鞶儿跪下审问她。这固然是玩笑，但我们来看宝钗的那段话：“我们家也算是个读书人家，祖父手里也爱藏书。先时人口多，姊妹弟兄都在一处，都怕看正经书。”单说“都怕看正经书”，不知道说出了多少读书人的心声。看来宝钗同学也很懂偷读的乐趣。宝钗又说：“弟兄们也有爱诗的，也有爱词的，诸如这些‘西厢’‘琵琶’以及‘元人百种’，无所不有。

他们是偷背着我们看，我们却也偷背着他们看。后来大人知道了，打的打，骂的骂，烧的烧，才丢开了。”这等于直接告诉大家，她也曾偷读过一些“不正经”的书，什么“‘西厢’‘琵琶’‘元人百种’”，还被打、被骂，相比祖莹和林海音，这样的偷读是不是更加刺激？

就我自己而言，也有过偷读的经历。打着手电筒躲在学校宿舍的被窝里读金庸，那场面仿佛做贼一般。若是读正经书，则大可不必躲在被窝里，但读书的姿势需要端正，读书的声音需要洪亮。不过，奇怪的是，反倒是偷着读的书，记得更熟。于是，我常常纵容学生的偷读——明知道他们的教材下面压着一本“不正经”的书，也睁一只眼闭一只眼，谁知道他们会不会像宝黛钗那样，成为语文高手呢？

不完美的生活可能才是最好的老师

开完红楼读书会后，有一部分学生先行离开。剩下的学生陪着我一起下楼，去上晚自习，或者去操场散步。我住在教师公寓的最高一层，推开门，透过走廊的窗户，只见金色的余晖洒落在门前，温暖而舒适。陪我下楼的学生之中，有一位是我最欣赏的，他问我："老师，《红楼梦》里的女孩都那么有才，可是到底谁是第一呢?"

这个问题其实很早就有过争论，不过文无第一武无第二的说法深入人心，所以谁排第一，往往取决于个人喜好。站在我的角度上，谁排第一要看比什么。诗才，当是黛玉第一；学问，当是宝钗第一；见识，当是宝琴第一。

王国维在《人间词话》中评价李煜的词就说："词人者，不失其赤子之心者也。故生于深宫之中，长于妇人之手，是后主为人君所短处，亦其为词人所长处。"这句话用来形容黛玉也是合适的，只需将词人换成诗人。叔本华说："天才者，不死其赤子之心者也。”林黛玉就是这样的天才。大观园中，除她之外，不会有任何一个女子写得出“一年三百六十日，风刀霜剑严相逼”的句子，因为林黛玉是用诗人之眼去观察万物的。她的一生都和诗有关，她过的是诗意的生活，她的悲剧可以说是人类诗意栖居于世而不可得的悲剧，是被世俗栖居打败的悲剧，所以格外令人心动。

但是宝钗不同，她是学问家。

第五十六回，探春与李纨、宝钗共同主持家务。这一回的回目是《敏探春兴利除宿弊　时宝钗小惠全大体》，“小惠全大体”五个字，就是宝钗学问的体现。文中三人商谈，探春道：“我因和他家女儿说闲话儿，谁知那么个园子，除他们带的花，吃的笋菜鱼虾之外，一年还有人包了去，年终足有二百两银子剩。从那日我才知道，一个破荷叶，一根枯草根子，都是值钱的。”宝钗笑道：“真真膏粱纨绔之谈，虽是千金小姐，原不知这事，但你们都念过书识字的，竟没看见朱夫子有一篇《不自弃文》不成？”探春笑道：“虽看过，那不过是勉人自励，虚比浮词，那里都真有的？”宝钗道：“朱子都有虚比浮词？那句句都是有的。你才办了两天时事，就利欲熏心，把朱子都看虚浮了。你再出去见了那些利弊大事，越发把孔子也看虚了！”探春笑道：“你这样一个通人，竟没看见子书？当日姬子有云：‘登利禄之场，处运筹之界者，窃尧舜之词，背孔孟之道。’”宝钗笑道：“底下一句呢？”探春笑道：“如今只断章取义，念出底下一句，我自己骂我自己不成？”宝钗道：“天下没有不可用的东西，既可用，便值钱。难为你是个聪明人，这些正事大节目事竟没经历，也可惜迟了。”李纨笑道：“叫了人家来，不说正事，你们且对讲学问。”宝钗道：“学问中便是正事，此刻于小事上用学问一提，那小事越发作高一层了。不拿学问提着，便都流入市俗去了。”

探春说“一个破荷叶，一根枯草根子都是值钱的”，宝钗就笑话她是“膏粱纨绔之谈”。她引用的是朱子的《不自弃文》，其中开头第一句就是“夫天下之物，皆物也。而物有一节之可取，且不为世之所弃”，宝钗是真正把朱子的文章读到实践中去了，我们在她身上是看不到“膏粱纨绔之谈”的。也就是说，宝钗有着实际的政治经济能力。她那一句“好风凭借力，送我上青云”，真不是虚写。真正的学问是把读过的书运用到实际生活中来。探春也读过《不自弃文》，但即便她掌管家务了，还觉得那是“勉人自励，虚比浮词”，可见她没有真正把书读到实践中去。当李纨“批评”她们聊学问的时候，宝钗说：“学问中便是正事，此刻于小事上用学问一提，那小事越发作高一层了。不拿学问提着，便都流入市俗去了。”宝钗的回答真有学问。学问是书和历练催生出来的。宝玉、黛玉、湘云和妙玉都读过不少书，也很能写诗，但是诗才更多的是诞生于妙悟慧心，而书则未必如此。宝钗和黛玉说，她们家也有“西厢”“琵琶”“元人百种”之类的文艺书，但是不曾和黛玉聊过朱子，原因就是黛玉等人是文艺青年。

宝钗的学问，甚至连贾政都夸奖过。贾政几乎从不正面夸奖人，尤其在学问方面。他的夸奖是通过香菱间接传递的。第七十九回，宝钗的嫂子夏金桂问香菱的名字是谁取的，香菱说是“姑娘起的”。金桂冷笑道：“人人都说姑娘通，只这个名字就不通。”她没说哪里不通，典型的用心不善，想败坏宝钗的名声。香菱当即辩驳道：“哎哟，奶奶不知道，我们姑娘的学问连我们姨老爷时常还夸呢。”这句话非常值得重视，贾政虽不喜欢诗词歌赋，但是儒家经典却十分熟悉。他夸宝钗，可见宝钗的学问在大观园里的确鹤立鸡群。香菱说此话，也足见贾政在丫鬟们面前（至少在香菱面前）夸过宝钗，这很不简单。

宝琴的见识是大观园里所有女孩子不能望其项背的。见识见识，见在前，识在后。整部《红楼梦》除了贾母的人生阅历外，其他人走过的地方恐怕都不如宝琴多。第五十回，老太太看中了宝琴，细问了年庚八字以及家内景况，薛姨妈猜测老太太的意思可能要给宝玉做媒，便说：“他（宝琴）从小儿见的世面倒多，跟他父母四山五岳都走遍了。他父亲是好乐的，各处因有买卖，带着家眷，这一省逛一年，明年又往那一省逛半年，所以天下十停走了有五六停了。”薛姨妈的话自然不会有假，宝琴主要是因为父亲的原因，才有机会“天下十停走了有五六停”。我们完全可以说，因为生活原因，她才有此机会走遍四山五岳，十首怀古诗，写赤壁、交趾、钟山、淮阴、广陵、桃叶渡、青冢、马嵬、蒲东寺、梅花观十处，首首不凡。特别值得留意的是，从“赤壁沉埋水不流，徒留名姓载空舟”开始，她对历史人物的评价，全都超越功过、输赢、得失，在她的眼里，无论胜利的英雄还是失败的英雄，都带有深刻的悲剧性。倘若宝琴真到过十首怀古诗中的所有地方（除了最后两处属于文艺虚构），那么她就是《红楼梦》中唯一出过国的女子。交趾，就在现在的越南境内。值得一提的是，宝钗说“后二首却无考，我们也不大懂得，不如另作两首为是”，被黛玉拦住，黛玉“骂”宝钗“胶柱鼓瑟，矫揉造作”。这可以说是学问与文艺之别的又一体现：宝钗不喜虚构，黛玉承认想象。

更神奇的是，宝琴还遇见了一位会写诗的外国女子（第五十二回），当然，这可能是她杜撰的。黛玉说宝琴扯谎，宝琴红脸低头不语。

问题是，到底是什么造就了她们的第一？我想，可能就是不完美的生活。

她们三人共同的一点就是残酷的生活教会了她们自己最擅长的本领。

黛玉若在姑苏，父母俱在，无论如何也写不出“侬今葬花人笑痴，他年葬侬知是谁”的句子。母死父亡，是她生活中最惨烈的教材，并把她教成了一个敏感多疑的人，极度缺乏安全感。宝钗学问出众，但没有父亲，哥哥又是扶不起的阿斗，她必须过问家里的生意之事，她操作经济或者理家治业的能力完全是生活教会她的。探春之所以不如她，也正在于此，探春的生活某种程度上与宝钗相似，有个不成才的弟弟，但是三姑娘要不是王熙凤身体不好，哪里知道“一个破荷叶，一根枯草根子”都是值钱的生活呢？宝琴虽然“身行万里半天下”，但生活教给她的也不同于钗黛二位，关于生活的艰辛，她的体会一定比她俩多。

可是，谁的生活又是一样的呢？每个人的生活都不同，完美的生活，或者他人有意为你营造的完美的生活，都是人生的大敌。美学家说，完美就是死亡。

所以我对学生说，我可能是你最喜欢的老师，但一定不会是你最好的老师，你最好的老师就是生活。你在这所学校里苦苦奋斗，省吃俭用，用原本属于课外的时间来老师这里听课，某种程度上，这体现了你内心的愿望，你那个想要离开农村、改变个人现状和家庭现状的愿望，为此你必须努力上进。但你的不完美的生活，才是你最好的老师！

后　记

一生相伴有红楼

一

对于1998年我印象特别深刻，这是个滔天洪水的年份。那年我读初一。一个夏夜的晚上，晚自习下课后，我在班级里闲逛，随即坐在教室的最后一排聊天。桌面上有一句话，十个字，用刀刻的，再用蓝色圆珠笔涂抹上色。字不大，还东倒西歪，却刚劲有力。我一字一字地读下来："寒塘渡鹤影，冷月葬诗魂。"念完的那一瞬间，我有一种身心被震碎的感觉，仿佛身怀绝技的武林高手突然遇到一个对手，谈笑间筋脉便被震断，功力全废。这十个并不难的汉字，就像被运刀如风的篆刻大师刻在寿山石上一样，永久地镌在我的心尖，刻在我的骨上。我一把抓住同学的手问："这是你写的吗？这是谁的句子？"

他一脸惊讶地看着我："你想什么呢，我哪能写得出来？你难道连这个都不知道？"

毫不谦虚地说，我读书确实比一般同学多，但我就是不知道这句话出自哪里，更不知道是谁写的。我理解同学话里的惊讶和无心的不屑，可我一点不在乎，我在乎的就是这话谁写的。

"《红楼梦》啊，是《红楼梦》里的句子。"

说完，他走了。

我呆呆地坐在他的位子上，看着他离开，又把目光转到桌面上的这十个字。那一刻，我的内心无比复杂。我想不通的是：十个字，拆开来看，个个平常得很，放在一起，怎么就有了撞击心灵的力量呢？

回到自己座位上的时候，我心里特别难过。20年后，那一堂丧魂失魄的晚自习以及那十个字，至今还刻骨铭心地留在我的脑海里。到了周末，我立马到镇上唯一的书店买了一本岳麓书社出版的《红楼梦》。如今，它还安放在老家的书柜里，尽管纸张早已泛黄。

我开始疯狂阅读《红楼梦》。可是，我折戟沉沙在前五回，怎么也迈不过去。一会儿女娲补天，大荒山无稽崖；一会儿一僧一道，谈天说地；一会儿贾雨村，谈古论今。仿佛天上地下佛教道教一锅炖。我想象中的宝黛爱情，卿卿我我，大观园生活，品画题诗，还有那些能撞击心灵的句子，连影子都没有。

然而这本书的前言，依然给了我深刻的印象。这篇前言把《红楼梦》置于中国数千年的文学史中，把大观园里的女儿拉出来和文学史上赫赫有名的窦娥、杜丽娘、崔莺莺、杜十娘、潘金莲、潘巧云、李瓶儿等人进行比较。大观园女儿的高贵与美丽、纯洁与美好，更加凸显了她们命运的诡谲与悲戚：没有凶手，但是死亡无处不在；有痛楚，却不知道该责备谁。

这篇前言的作者是舒芜，我深深记住了这个名字。

书中那些吃饭、喝茶、聊天、写诗的文字，一点儿也吸引不了我。但是，“寒塘渡鹤影，冷月葬诗魂”这样的诗，却深深吸引了我。这句诗到底出自这本书的第几回第几页？我得把这句诗找出来。我一直设想，如果哪一节语文课上我突然吟出几句这样的诗，说不定会把其他同学的心灵震得粉碎。于是，我一首一首把诗词抄下来，终于，抄到“寒塘渡鹤影，冷月葬诗魂”了！

我和《红楼梦》的第一次接触，就是这样完成的。和很多人不同，对《红楼梦》，我是先接触诗，再接触文。

二

高一那年，进校的第一次月考，我的作文就被校长给了一个满分，并在全校分发流传，供高二高三的学姐学长学习。我自豪感爆棚。下课后，就有人在背后说，这就是那个写满分作文的家伙。

据说母校语文教研组的组长吴文娟老师在班上跟她的学生说，匡双林你们学不来，他把《红楼梦》读了不下50遍。

我的天，如果说之前爆棚的自豪感是因为一篇满分作文，那么这句话给我带来的绝对是爆棚的恐惧感。我之所以恐惧，是因为我从来没有把任何一本书读过50遍，我怕哪个老师找我谈红楼、说红楼，我战战兢兢，如履薄冰，唯一能做的是回去再翻

《红楼梦》，恶补。

但凡临时抱佛脚的事情，总是效果极差。因为心里发虚，怕被人问倒，所以哪有闲适的心情去品味？匆匆过了一遍之后，重点还在前八十回。不得不说，以我现有的学力回顾这一次的读红经历，不堪一提。

于是，在某个暑假，我再把《红楼梦》读了一遍。开学的时候，我向班主任朱老师申请：我要去给同学讲红楼。

那个敢于向班主任提出讲红楼的我，是我见过最大胆的人，他完美诠释了什么叫作不知天高地厚。

班主任一听，全力支持。第一次，我只不过讲了几副对子。晚自习下课的时候，还不及时下课，故意拖堂几分钟，就等着别的同学经过门口，让他们看见我讲课的样子。我喜欢看窗户边踮脚走过的其他班级同学朝我们班看的眼神。

终于有一回，我的浅薄彻底暴露。班上换了一个语文老师，是资深的红粉，也是严谨的行政领导。与之前的班主任凭我胡来的宽容大度大不一样，他用了一个词来评价我：不知所云。这个“不知所云”和“寒塘渡鹤影，冷月葬诗魂”一样，深深地刻在我的脑子里。

老师貌似口误——直到十七八年后我读到弗洛伊德的《弗洛伊德文集：精神分析导论》，我才发现“口误的结果本身可被看作是一种有目的的心理过程，是一种有内容和意义的陈述”。口误从来不是简单的口误，它的背后有着真实的原因。我的不知所云，确实就是不知所云。

读书来不得半点虚假，否则终有一天会把底裤都露出来。这就是我当时的感受。

三

进入大学后的读红经历，则完全不同。我特别后悔中学时代读红的那种虚荣。这是一本青春之书，是一曲青春的赞歌，如果在最美好的青春年华里与之相遇，将是一件多么幸福的事情！可是我却错过了，是擦肩而过。

之所以这么说，是因为大学的阅读，有老师的指导。我上的是美术系，中文系开有四大名著的导读课，我很好奇，就报了。但我不喜欢《西游记》，打了一个妖怪再打下一个妖怪，打不过就请菩萨，好没水平（直到几年前才发现，《西游记》其实是一部值得反复阅读的大书）。我朋友说，你放心大胆地去上吧，一年的课保证让你收获满满！且朋友告诉我说那个教授刚刚在未名湖畔参加国家级的红学会议回来，此时此刻选他的课一定合适。

于是，我选了他的课。

有趣的是，说是四大名著导读，其实讲的就是一本《红楼梦》。

《红楼梦》中有一则宝钗的诗谜："镂檀镌梓一层层，岂系良工堆砌成？虽是半天风雨过，何曾闻得梵铃声？"很多人说，这首诗的谜底是松球，可我总觉得前面两句也可以用来形容《红楼梦》这本书。这本书就像一座佛塔，你可以触摸到塔门，但是否能进去，有时候需要机缘，有时候也需要有人引领。选修课上的教授就如一位禅门大德，启我开悟。在第一堂课中，他说了很多，尤其是关于秦钟和宝玉的对比，不用翻书，直接报出回目，直接说出细节，让人心服口服。他的观点如何，我已不记得，但他对《红楼梦》的熟悉程度真的让我佩服。

后来，他又给了我许多难以忘怀的启发，比如关于死亡的主题——书中的死亡气息、死亡内蕴，林黛玉的死、秦可卿的死……

我忽然明白，《红楼梦》就该这样阅读。

这期间，除了读原著，我也陆陆续续读过一些红学著作。有必要提到两本书，它们曾一度影响了我。一本是舒芜先生的《红楼说梦》，岳麓书社出版的《红楼梦》的前言就是舒芜先生写的，他的古典文学研究功力还是很深厚的。我读完了他这本书就来了灵感，想以教育的眼光看待《红楼梦》，于是便有了这部书稿。鲁迅先生曾说："《红楼梦》是中国许多人所知道，至少，是知道这名目的书。谁是作者和续者姑且勿论，单是命意，就因读者的眼光而有种种：经学家看见《易》，道学家看见淫，才子看见缠绵，革命家看见排满，流言家看见宫闱秘事……""以此书作社会家庭问题剧，自然也无所不可的。"我也是老师，从教育角度谈一谈《红楼梦》，是不是也是"无所不可的"？大学时候就读舒芜先生的《红楼说梦》，这其中是否有一种因果关联，草蛇灰线，伏延千里？

另一本书是马瑞芳教授的《马瑞芳趣话〈红楼梦〉》，是大学毕业那一年读的，马教授写得轻松有趣，读了这样的书，当我们回归原著的时候，就会有不一样的发现。

四

如果说上面两本书更多的是从感性的层面启发了我，那么另外有些红学著作则赋予我以理性的思维，让我从更多的视角去看待红楼、阅读红楼、思考红楼。

不管是个人的阅读史还是《红楼梦》的研究史，王国维这个名字是永远无法绕开的。他是我的偶像，是我心中神一般的人物。我经常觉得读书码字若有几篇能类似王先生的风格，则不枉为读书人了！王先生的《〈红楼梦〉评论》，严格地说不能称之为一本书，只是一篇论文而已。他写这篇文章时才27岁，但他从哲学和美学的角度出发，借助叔本华、庄子、老子、佛陀的学说发现了人的悲剧性与荒诞性的本质。这样的悲剧性有两种：其一是“生活之本质何？欲而已矣”。人一生下来就被欲望所抓住，无可逃遁，没有自由，注定在痛苦中挣扎。其二是他确认《红楼梦》是彻头彻尾的悲剧。王国维先生从叔本华的学说出发，认为悲剧有三种：第一种是“由极恶之人极其所有之能力以交构之者”；第二种是“由于盲目的运命者”；第三种是“由于人物之位置及关系而不得不然者，非必有蛇蝎之性质以意外之变故也，但由普通之人物、普通之境遇，逼之不得不如是。彼等明知其害，交施之而交受之，各加以力而各不任其咎”。这样的悲剧是由人际关系所决定的，甚至是绑架而成的。《红楼梦》中宝黛以及其他人的悲剧，都是这种人际关系和社会结构的反映。仿佛汉娜·阿伦特所讲的“平庸之恶”，没有人是悲剧的制造者，但众人的活动却最终导致了悲剧的发生。

另外，王先生把《红楼梦》和《桃花扇》做了对比（我是个昆曲迷，对《桃花扇》也是深爱已久)，他在书中提到了一个根本性的判断："故吾国之文学中，其具厌世解脱之精神者，仅有《桃花扇》与《红楼梦》耳。而《桃花扇》之解脱，非真解脱也……故《桃花扇》之解脱，他律的也；而《红楼梦》之解脱，自律的也。且《桃花扇》之作者，但借侯、李之事，以写故国之戚，而非以描写人生为事。故《桃花扇》，政治的也，国民的也，历史的也；《红楼梦》，哲学的也，宇宙的也，文学的也。此《红楼梦》之所以大背于吾国人之精神，而其价值亦即存乎此。"

这是一个很伟大的发现。王先生把《桃花扇》拿来和《红楼梦》进行对比，并不是说只有《桃花扇》一本书可以与之相比，而是将它作为政治国民历史性的一个代表。《水浒传》《三国演义》乃至到晚清的谴责小说，都是有关政治家国和历史境界的，或者说基本上在儒家的范围里绕圈圈。

这里又不得不提及另一本给我极大触动的书籍，李劼的《论红楼梦：历史文化的全息图像》。在这本书的绪论中，作者说道："所谓中国历史，就其文化意味而言，可简明扼要地划分为《红楼梦》之前的历史和《红楼梦》之后的历史。所谓之前的历史，是帝王将相的历史，是《资治通鉴》的历史，是《三国演义》的历史；所谓之后的历史，则是大背于吾国吾民之传统的历史，或者于破败之中寻求新的生机的历史。"也就是说，之前的历史，其实都是男人的历史、权力的历史、斗争的历史，或者是污泥的历史；之后的历史，则是女人可以有历史的历史、审美的历史和清水的历史。所以，"不仅让儒家文化变得陈腐，也让司马迁的《史记》变得可疑"。李劼的这个说法，恐怕也是源于王国维。王先生把《红楼梦》提高到了宇宙的境界、天地的境界，从而使之有了普世的价值。

李劼仅仅将《红楼梦》在中国文化史中进行了一个纵向的对比，便已显示出其巨大的价值。除此之外，他还将这本书置于世界文化史中，用哲学的、审美的眼光，而不再是用政治的、历史的眼光去衡量、去审视，这样的结果，是愈加证明了《红楼梦》的伟大。我想，只有用这样的视角去审视《红楼梦》，才是对它的尊重，也才是对它的最好解读，尤其是“因为《存在与时间》与《红楼梦》交汇而产生的精神闪电，无疑更具革命意味”。这种革命性，自然不是社会的，而是思想的；不是物质的，而是精神的；不是生存的，而是存在的；不是伦理的，而是审美的。

《红楼梦》是中国历史文化的一个地标，以思想的、精神的、存在的、审美的方式阅读它，是这部小说阅读史上的一次历史性转折。于是，在回顾个人《红楼梦》阅读史的时候，我觉得自己也很有必要做一次自有《红楼梦》以来的群体阅读史。在这一点上，刘再复先生已经在他的书里做了一个简单的归纳。在《红楼梦悟》的前言中，他认为，两百多年来，《红楼梦》的阅读与探讨有三种形态，一是《红楼梦》论，二是《红楼梦》辩，三是《红楼梦》悟。这其中，王国维是第一种形态，他的《红楼梦评论》有观点，有逻辑与分析，也有论证，空谷足音，自创一格。最多的是第二种。辩，即辨析、注疏、考证、版本清理。这两种形态着眼点只在《红楼梦》是书，甚至所谓的红学家也几乎都是这两种形态的阅读者。而李劼所谓的革命性的转折，恰恰就是抛弃了这两种阅读形态。当然，李劼未必同意刘再复先生的这种说法，李劼的着眼点是从世界文化的角度出发，用哲学的、审美的、思想的眼光来审视红楼梦，于是，“解读红楼梦就不再是停留在所谓的红学水平之上”。尽管如此，刘再复说的第三种形态即《红楼梦悟》，确实有其独到之处。他们两位先生在很多方面的观点是类似的，已经不再拘泥于传统的辩论形态。

另外，李劼还提到“一者是《红楼梦》与《山海经》的神话渊源，一者是《红楼梦》与《金瓶梅》之间的承接性与超越性，一者是《红楼梦》兼具《清明上河图》的尘世性和《富春山居图》的出世性，还有就是《红楼梦》与文艺复兴时期文学经典之间的对称性”。

把《红楼梦》与西方文学经典进行对比，这其中最经典的可能是刘小枫的《拯救与逍遥》。刘小枫是在书的第三章《走出劫难的世界与返回恶的深渊》中，将陀思妥耶夫斯基和曹雪芹进行了很好的阐释，给我留下了深刻的印象。《拯救与逍遥》对整个中国文化的精华的批判实在过于严厉了一些，我至今记得有一次乐黛云先生在接受采访时，对刘小枫此书的第四章持反对意见，刘小枫本人也在书中提到，“乐黛云先生仔细阅读了第四章讨论鲁迅的部分，提出了许多有见地的看法，尽管她对我如此看待鲁迅表示愤怒”。在第三章，刘小枫先生对比论述了曹雪芹与陀思妥耶夫斯基：“曹雪芹的‘情根’‘情性’和陀思妥耶夫斯基的‘爱心’都是针对世界的恐怖、颠倒、混乱和痛苦的事实提出来的。可是，在陀思妥耶夫斯基那里，‘爱’的形而上学地位是在魔鬼与上帝为争夺人的灵魂而进行的永恒的斗争这一背景上出现的。”“曹雪芹的‘新人’有聪俊灵秀之气，梅思金公爵是‘白痴’；前者在历史的恶中洒尽性情，后者总是准备无保留地为承负恶作出牺牲。”有趣的是，刘再复先生在《共悟红楼》中对刘小枫先生的这篇文章有一个回响。在与爱女刘剑梅的对谈中，刘再复先生说道：“小枫以上帝的神圣价值为参照系，把庄子、慧能、曹雪芹视为异端。我把《红楼梦》视为异端之书，是肯定异端；小枫把曹雪芹视为异端，是否定异端。”同时，他进一步指出：“在对生命的尊重与护卫的根本点上，庄、禅、曹与基督教是相同的。”与刘小枫相反，刘再复把贾宝玉视为基督、释迦一类，在《贾宝玉论》开篇就说：“我猜想释迦牟尼出家前的状况大约如贾宝玉，而贾宝玉在出家之后应是追寻释迦牟尼，也许就是另一位释迦牟尼。”并且借用王国维在《人间词话》中对李煜的评价“基督、释迦担荷人家罪恶”来形容贾宝玉。在《红楼梦悟》里，刘再复将贾宝玉与《卡拉马佐夫兄弟》中的阿廖沙进行了一番对比，得出他俩神形俱似的结论，说他们都善良、单纯、慈悲，都像少年基督，只是“深层心灵的方向却不同”。阿廖沙在东正教的背景下，以苦难本身拯救苦难，通过肉的受罪达到灵魂的升华，通过肉的净化达到神的纯化，从而在受难过程中得到崇高与纯洁的体验。但贾宝玉不同，他面对的是“肉”而不“肉化”的奇特生命。也许阿廖沙更崇高，但贾宝玉则更有血肉，更富人性的光彩。就我个人而言，我是深为赞同刘先生的这一观点的。

而李劼在《论红楼梦：历史文化的全息图像》这本书中，则将目光对准了文艺复兴时期的文学经典，这一点又与刘小枫有所不同。在对《红楼梦》和《神曲》进行对比的时候，他得出了这两部作品“结构上有着惊人的对称性”的结论。李劼把《红楼梦》的叙事结构定位于“灵、梦、情”三个层面。值得注意的是，刘再复先生在《共悟红楼》中，从“欲向度”“情向度”“灵向度”“空向度”四个维度定义《红楼梦》的精神内涵结构。李劼先生的三个层面，灵，源于女娲补天的顽石；梦，源自警幻仙姑与太虚幻境；情，则源于宝黛钗三者之间的木石前盟与金玉良缘的情感纠葛。《神曲》在叙事上采用的也是三重结构方式：地狱，炼狱，天堂。刘再复也在《红楼梦悟》中将这两者进行了对比，不过，不同于李劼从叙事结构的角度去解读作品，刘再复是从情欲的角度着眼的：“仔细读《神曲》，就会发现其中的各层地狱，有许多道德专制法庭。被判为荒淫罪而入地狱的不少是多情妇女，她们有点私情便放入地火中煎烤。与但丁相比，曹雪芹对多情妇女则无条件尊重，他笔下‘养小叔子’的秦可卿，不是被送入地狱，而是被送入天堂。”而与塞万提斯的《堂吉诃德》对比时，李劼采取的就不是叙事结构的角度了，因为这两个作品在叙事方面有着本质上的不同。在这一点上，《西游记》倒是有着很大的可比性。堂吉诃德对杜西尼亚忠贞不渝，贾宝玉对林黛玉坚贞不二，完全等同，可谓是“难兄难弟，一对傻瓜男人”。除此之外，还可以将薛宝钗与《少年维特之烦恼》中的夏洛蒂相比较，或者将《红楼梦》中的人物与莎士比亚笔下的形象做对比。哈姆雷特与贾宝玉就是一对彼此映衬的形象，在各自的文学星空下带着永恒的光芒。不管是刘小枫还是刘再复、李劼，他们都在各自的著作中论及这两个人物形象。同样作为儿子，贾宝玉放弃了抗争，做了一名忠诚的儿子；哈姆雷特则是一名不折不扣的逆子，无可救药的叛逆者。但是，他们拥有同样高贵的焦虑，如果说哈姆雷特焦虑的是生存与毁灭的二元抉择、复仇与重整乾坤的责任担当，那么贾宝玉焦虑的则是个体生命为什么会屡遭摧残，尤其是当他面对一个个鲜活的生命从自己眼前消失的时候，这种焦虑更是在所难免。

值得提及的是，九十多年前在厦门大学给学生剧作写小引的这位老师，名叫鲁迅，这位学生名叫陈梦韶，陈梦韶后来也在厦门大学做教师，他有一位学生，名叫刘再复。一切都有因果。

这些书，诚如我当年见到的“寒塘渡鹤影，冷月葬诗魂”一样，给了我巨大的震撼，彻底改变了我的《红楼梦》阅读观。可以说，对这些书的阅读使我摆脱了传统意义上的红学纠葛，从而真正走向了《红楼梦》的深层文化意蕴。

五

2014年，距离我大学毕业已经6年。那些年，我几乎每年通读一遍《红楼梦》，并陆陆续续收藏了《红楼梦》的各种版本，家里的藏书大多与《红楼梦》有关。晚自习依旧有，只是我由学生变成了老师。我坐在讲台上读《红楼梦》，忽然灵感爆发，在旁边的笔记本上记下了12个关于红楼的“教育现象”。我当时非常激动，心想是不是可以沿着这个思路写成一组文章呢？

我窃喜不已，仿佛要开启一个新纪元。我在《红楼梦》里挖到了一个宝藏，那一份激动至今仍历历在目。

当天晚上，我就回去写了一篇。写完几篇之后，发在了自己的公众号里，转发到一些群里，后来被《教师博览》的方心田老师看到，鼓励我在杂志上发表。

因为要写关于教育的话题，我除了阅读《红楼梦》文本之外，还要阅读许多相关的教育类书籍，如朱永新的《中国古代教育思想史》，也探究了聊斋中许多关于考试的故事，对蒲松龄本人的应试也做过一番梳理。还有许多古代语文教育类的书籍，比如郭英德教授的《中国古代文学与教育之关系研究》等，也给了我很多启发。可以说，是写作促进了我的阅读，这是我始料未及的。

但是，随着写作的深入，我才发现，我所谓的红楼教育其实早已不是什么新鲜的事情。有一次偶然逛孔夫子网站，看到一本《漫话红楼说教育》，赶紧买来，发现早在1994年就已经出版。好在我的写法与这本书完全不同，尽管有不少相同的出发点，比如谜语。有一次翔宇教育集团的卢志文校长过来演讲，一开始就说了一个谜语：远看像关羽，近看是张飞。我于是想到《红楼梦》里不就有很多谜语、诗歌吗？现在的语文教育是否可以利用这些素材？

石涛有一个很重要的美术观点：借古开今。我想，我不是纯粹在做清代或者古代的教育史研究，我的目的是借古开今，借红楼的境说当下的事。

没过多久，我又看到于洋的《人性的复归——〈红楼梦〉的教育世界》。这本书从《红楼梦》出发，分析了明清社会的教育形态，从家庭教育、义塾教育、女子教育、男子社交，一直到生活器物，都做了详细的论述，并将这些元素置于历史的大背景之中，高屋建瓴。我想，我虽然不做学术研究，只是写自己的所想，但刘小枫说过，“任何人都可以根据自己的喜爱去读红楼，走进红楼的世界，领略其中三味，人人都不过是在以审美的感受性去领会红楼世界对他个人的含义”。《红楼梦》是我心目中的文学圣经，光这一点，就让我产生了阅读红楼、写作红楼的动力。

感谢这些书，它们让写作走进了我的生活，不，确切地说，是走进了我的生命。

如今，这些文章要结集出版了，我自然满怀期待。这份期待来得深沉久远。家中有一位读过一点私塾的祖父，有一位教过国文的叔叔，敬惜字纸的耳提面命，使得我自幼就对文字有一种崇拜。面对自己的作品，仿佛圆了儿时的梦想，不由得肃然起敬。

回顾过往，都是奇妙。当所有的文字都呈现在我面前时，我心中充满感激。感谢恩师傅国涌先生，每次与他见面，他总是要问起我写作此书的相关情况，还把他看到的红楼资料转发给我，对我行文的风格提出具体的意见，让我受益匪浅。尤其难得的是，老师为我写了一篇序言，我才恍然回忆起和老师相处的时光，转眼间居然已经七八年了。在和老师相处的日子里，他纵横古今、出入中外、点评教育界的人和事，都给了我很大启发。见面时，他差不多都要问我在读什么书，做什么事，每每让我不敢懈怠。还要感谢《教师博览》的编辑王凌燕老师，要不是她的善意催促，我就无法完成这些文章的写作。感谢王小庆老师，他四处张罗，帮助我寻找出版社。我有社交恐惧症，虽然在多个场合见过王老师，但始终不敢和他打招呼。然而他极为亲切，对我言必称“双林兄”，实在让我惶恐。他对我书稿的推介，让我受宠若惊。面对众多师长，只能时时精进，不敢懈息。感谢相遇，与人与书；感谢时间，凡为过往，都不曾虚妄。

六

一场秋雨过后，桂子的清香更加淡远悠长。望着书桌上的一大堆稿子，我慨然良久。这些都是我生命的证据，都曾镂刻过我生命的印记。那些无比美好的灵魂，那些永恒靓丽的青春，那些逝去却又永远活在读者心里的生命，都曾温暖过我，打动过我。焚稿断痴情的黛玉，更是让我泪湿枕巾。曾经无数个这样的夜晚，这本经典的作品陪伴着我，让我走过很多孤寂的日子，走过很多艰难的岁月。它是我的心灵之书。

毛姆说："阅读是一座随身携带的避难所。"我要说得更具体，《红楼梦》就是我随身携带的一座避难所，它直指我的心灵深处，根植于我灵魂的土壤。从爱上《红楼梦》的那一刻起，我的心就不再颠沛流离，灵魂从此就有了归属。在任何一个时间，在任何一个地方，只要打开《红楼梦》，书里那群生命就会走进我的生活，贴近我的生命。这难道不是一种莫大的幸福吗？

匡双林

2020年6月6日修订

图书在版编目（CIP）数据

红楼教育学 / 匡双林著. — 太原：
山西教育出版社，2021. 5
ISBN 978-7-5703-1544-4

Ⅰ. ①红… Ⅱ. ①匡… Ⅲ. ①《红楼梦》— 教育学— 研
究 Ⅳ. ①G529.49

中国版本图书馆CIP数据核字（2021）第085357号

红楼教育学

HONGLOU JIAOYUXUE

责任编辑 樊丽娜
助理编辑 胡晶晶
复　　审 刘继安
终　　审 李梦燕
装帧设计 张　瑜　郭俊杰
印装监制 蔡　洁

出版发行 山西出版传媒集团 · 山西教育出版社
（太原市水西门街馒头巷7号　电话：0351-4729801　邮编：030002）
印　　装 山西基因包装印刷科技股份有限公司
开　　本 890 × 1240　1/32
印　　张 7
字　　数 151千字
版　　次 2021年5月第1版　2021年5月山西第1次印刷
书　　号 ISBN 978-7-5703-1544-4
定　　价 42.00元